プリント形式のリアル過去問で本番の臨場感！

岡山県
県立
岡山操山 中学校

2025年春 受験用

解答集

本書は，実物をなるべくそのままに，プリント形式で年度ごとに収録しています。
問題用紙を教科別に分けて使うことができるので，本番さながらの演習ができます。

■ 収録内容

・解答集(この冊子です)

　　　書籍ID番号，この問題集の使い方，最新年度実物データ，リアル過去問の活用，
　　　解答例と解説，ご使用にあたってのお願い・ご注意，お問い合わせ

・2024(令和6)年度 ～ 2018(平成30)年度 学力検査問題

JN132142

○は収録あり　年度	'24	'23	'22	'21	'20	'19
■ 問題(適性検査)	○	○	○	○	○	○
■ 解答用紙(書き込み式)	○	○	○	○	○	○
■ 配点						

全分野に解説
があります

上記に2018年度を加えた7年分を収録

☆問題文等の非掲載はありません

Ⓚ 教英出版

■ 書籍ID番号

入試に役立つダウンロード付録や学校情報などを随時更新して掲載しています。
教英出版ウェブサイトの「ご購入者様のページ」画面で，書籍ID番号を入力してご利用ください。

書籍ID番号　**101231**

（有効期限：2025年9月30日まで）

【入試に役立つダウンロード付録】
「要点のまとめ(国語／算数)」
「課題作文演習」ほか

■ この問題集の使い方

　年度ごとにプリント形式で収録しています。針を外して教科ごとに分けて使用します。①片側，②中央
のどちらかでとじてありますので，下図を参考に，問題用紙と解答用紙に分けて準備をしましょう（解答
用紙がない場合もあります）。

　針を外すときは，けがをしないように十分注意してください。また，針を外すと紛失しやすくなります
ので気をつけましょう。

※教科数が上図と異なる場合があります。
　解答用紙がない場合や，問題と一体になっている場合があります。
　教科の番号は，教科ごとに分けるときの参考にしてください。

■ 最新年度 実物データ

　実物をなるべくそのままに編集してい
ますが，収録の都合上，実際の試験問題
とは異なる場合があります。実物のサイ
ズ，様式は右表で確認してください。

問題 用紙	Ａ３片面プリント（書込み式）
解答 用紙	

リアル過去問の活用

🌸 本番を体験しよう！

問題用紙の形式（縦向き / 横向き），問題の配置や余白など，実物に近い紙面構成なので本番の臨場感が味わえます。まずはパラパラとめくって眺めてみてください。「これが志望校の入試問題なんだ！」と思えば入試に向けて気持ちが高まることでしょう。

🌸 入試を知ろう！

同じ教科の過去数年分の問題紙面を並べて，見比べてみましょう。

① 問題の量

毎年同じ大問数か，年によって違うのか，また全体の問題量はどのくらいか知っておきましょう。どのくらいのスピードで解けば時間内に終わるのか，大問ひとつにかけられる時間を計算してみましょう。

② 出題分野

よく出題されている分野とそうでない分野を見つけましょう。同じような問題が過去にも出題されていることに気がつくはずです。

③ 出題順序

得意な分野が毎年同じ大問番号で出題されていると分かれば，本番で取りこぼさないように先回りして解答することができるでしょう。

④ 解答方法

記述式か選択式か（マークシートか），見ておきましょう。記述式なら，単位まで書く必要があるかどうか，文字数はどのくらいかなど，細かいところまでチェックしておきましょう。計算過程を書く必要があるかどうかも重要です。

⑤ 問題の難易度

必ず正解したい基本問題，条件や指示の読み間違いといったケアレスミスに気をつけたい問題，後回しにしたほうがいい問題などをチェックしておきましょう。

🌸 問題を解こう！

志望校の入試傾向をつかんだら，問題を何度も解いていきましょう。ほかにも問題文の独特な言いまわしや，その学校独自の答え方を発見できることもあるでしょう。オリンピックや環境問題など，話題になった出来事を毎年出題する学校だと分かれば，日頃のニュースの見かたも変わってきます。

こうして志望校の入試傾向を知り対策を立てることこそが，過去問を解く最大の理由なのです。

🌸 実力を知ろう！

過去問を解くにあたって，得点はそれほど重要ではありません。大切なのは，志望校の過去問演習を通して，苦手な教科，苦手な分野を知ることです。苦手な教科，分野が分かったら，教科書や参考書に戻って重点的に学習する時間をつくりましょう。今の自分の実力を知れば，入試本番までの勉強の道すじが見えてきます。

🌸 試験に慣れよう！

入試では時間配分も重要です。本番で時間が足りなくなってあわてないように，リアル過去問で実戦演習をして，時間配分や出題パターンに慣れておきましょう。教科ごとに気持ちを切り替える練習もしておきましょう。

🌸 心を整えよう！

入試は誰でも緊張するものです。入試前日になったら，演習をやり尽くしたリアル過去問の表紙を眺めてみましょう。問題の内容を見る必要はもうありません。どんな形式だったかな？受験番号や氏名はどこに書くのかな？…ほんの少し見ておくだけでも，志望校の入試に向けて心の準備が整うことでしょう。

そして入試本番では，見慣れた問題紙面が緊張した心を落ち着かせてくれるはずです。

※まれに入試形式を変更する学校もありますが，条件はほかの受験生も同じです。心を整えてあせらずに問題に取りかかりましょう。

《解答例》

課題1　(1)スイッチの数…3

組み合わせ…㋣, ㋑, ㋕〔別解〕㋐, ㋑, ㋕

(2)$\dfrac{3}{4}$／右表などから1つ

点灯時間帯 電球の種類	17～ 18時	18～ 19時	19～ 20時	20～ 21時	21～ 22時	22～ 23時	合計点灯 時間
電球A	○		○			○	3時間
電球B	○	○	○	○	○	○	6時間
電球C	○		○			○	3時間

点灯時間帯 電球の種類	17～ 18時	18～ 19時	19～ 20時	20～ 21時	21～ 22時	22～ 23時	合計点灯 時間
電球A	○	○	○	○	○		5時間
電球B					○	○	2時間
電球C	○		○	○	○	○	5時間

課題2　(1)ものは温度が高くなると体積が大きくなり，温度が低

くなると体積が小さくなる。　(2)雨がしみ込むときに

小さいつぶは水と一緒に流され，大きいつぶが残される

(3)C／でんぷんがないことを調べる。　F／でんぷんがないことを調べる。

課題3　(1)90　※(2)図3…右図　記号…ウ

(3)[①④⑤／料金／重さ／重さが2倍，4倍となると，それにともなってもう一方の料金
も2倍，4倍となっているから。][①④⑤／料金／重さ／重さをx(kg)，料金をy(円)と
すると，yの値をxの値で割った商は決まった数の80になっているから。]

[①③⑥／料金／きょり／きょりが2倍，8倍となると，それにともなってもう一方の料
金も2倍，8倍となっているから。][①③⑥／料金／きょり／きょりをx(km)，料金をy(円)と
すると，yの値
をxの値で割った商は決まった数の80になっているから。]のうち1つ

※の説明は解説を参照してください。

《解　説》

課題1

(1)　㋣と㋑と㋕を導線に変えたとき，Aを点灯させるときは㋐を，Bを点灯させるときは㋑を，Cを点灯させると
きは㋕を入れればよい。なお，㋣の代わりに㋐を導線に変えたときは，Aを点灯させるのに㋣を入れればよい。

(2)　表3より，電球Aを1時間点灯させると2.7円，電球Bを1時間点灯させると3.6円かかるので，電球Aは電
球Bの$2.7 \div 3.6 = \dfrac{3}{4}$(倍)の電気代がかかる。また，各電球を1時間点灯させたときに必要な電気代の比は，
(電球A)：(電球B)：(電球C)＝2.7：3.6：4.5＝3：4：5なので，電球A，B，Cを1時間点灯させた電気代
をそれぞれ3，4，5とすると，全体でかかる電気代が(3＋4＋5)×4＝48になればよい。
(電球A，電球B，電球C)＝(4時間，4時間，4時間)から，合計が変わらないように時間を調整する。
4×2＝8で，3＋5＝8だから，電球B2時間分の電気代と，電球Aと電球C1時間ずつの合計の電気代が等し
い。したがって，(電球A，電球B，電球C)＝(3時間，6時間，3時間)，(5時間，2時間，5時間)が考え
らえる。これをもとに作った表が，解答例の表である。他にも，(電球A，電球B，電球C)＝
(1時間，5時間，5時間)，(6時間，5時間，2時間)，(2時間，3時間，6時間)が考えられる。

課題2

(1)　夏の暑いときに金属の体積が大きくなって，変形してしまうのを防ぐためにすき間が空けられている。金属で
できている電車のレールにも同じようにすき間が空けられている。

(3) Cを調べることで，日光を当てる前にでんぷんがなかったことが確かめられる。Eにでんぷんがあり，Fにでんぷんがないとわかることで，日光を当てたことによってでんぷんが作られたと確かめられる。

課題3

(1) 100円のパンが65個売れた時点での利益は，$(100-80)\times65=1300$（円）である。あと$1650-1300=350$（円）の利益が出るようにしたいから，1個あたり$350\div(100-65)=10$（円）の利益が出るように値段を設定すればよい。よって，$80+10=90$（円）

(2) 図2で，あは台形で，面積は，$(2+4)\times4\div2=12$（㎡）である。いは，右図のように，三角形と平行四辺形を合わせた形になるから，面積は$2\times4\div2+2\times4=12$（㎡）となり，あといの面積は等しい。

(3) 重さ，きょりのうち，一つは変わらず，もう一方だけを変えているレシートを比べる。

《解答例》

課題1　(1)飛んで火にいる夏の虫／泣き虫／腹の虫 などから1つ　虫がいい／虫の知らせ／虫の居所が悪い などから1つ

(2)考えすぎてしまういまの若い人　(3)B．まずは仕事をやってみて、続けてみること　C．始めから自分の中にあって、それが何か理解した上で生かすもの　D．仕事や出会いによって変化し、あわてて探し求めなくても自然とにじみ出る

課題2　(Aの例文)私はだれにでも友達と話すような話し方をしてしまうからです。例えば、授業で校長先生にインタビューしたとき、「校長先生、何が好きなん。」と言ったことがありました。担任の先生に「好きですか、でしょ。」と注意されたので、「校長先生は何が好きですか。」と言い直しました。これからは、目上の人と話をするときや授業中の発言では、「です」や「ます」をつけるなど、相手の立場や状きょうを考えた言葉を使うようにします。

課題3　(1)南に向かって約 300m進むと神社があるので，その交差点を西に曲がって約 100m進むと目的地の図書館に着く。　(2)資料1から読み取ったこと…森林におおわれている割合が大きいほど生息している絶めつ危ぐ魚種の数が多いことが分かる。　資料2から読み取ったこと…森林の多い山は森林の少ない山にくらべて，川や海の生き物が必要とする栄養が多く流れ出して，多くの種類の魚がいることが分かる。　森林が漁業にあたえるえいきょう…森林の働きによって，多くの種類の魚が生息することができるようになり，漁かく量の増加にえいきょうをあたえている。　(3)林業で働く人の減少と高れい化の課題を解決するために，森林かん境税を林業に必要な機械を買うための補助金として使うことによって，少ない人数や高れい者でも森林の手入れしやすくなる。

《解　説》

課題1

(2)　動けなくなっているムカデの姿が，何をたとえたものかを読み取る。【しょうかいしたい本の一部】に「ムカデは～考えこんでしまいました。そして考えすぎてわからなくなって，動けなくなってしまいました。若い人を見ていると，同じようなことを感じることがあります～考えすぎてしまうのです」とある。

(3)B　【しょうかいしたい本の一部】に「仕事というのは，やってみなければわからないところがあります。1年，2年と続けていくうちに，この仕事は好きかもしれないな，これが天職かもしれないと思い始めることはよくあります」とある。筆者は，自分らしい仕事かどうかわからなくても，まずはやってみてしばらくつづけることで自分らしい仕事だと感じることがよくあるということを言っている。　　C　【しょうかいしたい本の一部】に「いまの世の中には『自分らしく生きなければならない』『自分の個性を発揮できるような仕事を選ばなければならない』といった妙な圧力があるように思います」とある。これは，個性というものが最初から自分の中にあって，それを理解した上で，それに合った仕事を選ばなければならないという考え方である。　　D　【しょうかいしたい本の一部】に「ある時点の自分らしさに基づいて仕事を決めようとしても，仕事に磨かれたり，いろいろな人と出会うことで自分らしさは変化していきます。私が皆さんにお伝えしたいことは，自分らしさということを焦って探し求めなくてもいいということです。たとえ人と同じことをやっていても自然とにじみ出てくるもの，それが個性で

あり，自分らしさです」とある。つまり，筆者が考える「個性」とは，仕事や人との出会いで変化するものであり，あわてて探すようなものではなく，自然とにじみ出てくるものである。

課題3

(1) 解答例の経路を右図の中に線で示した。解答例以外に，「西に向かって約200m進むと神社があるので，その交差点を南に曲がって約300m進むと郵便局が見える。その交差点を東に曲がって約100m進むと目的地の図書館に着く。」でもよい。

(2) **資料1から読み取ったこと**…流域の森林については「おおわれている割合」であること，絶めつ危ぐ魚種については「数」であることに注意する。当然，「森林におおわれている割合が小さいほど生息している絶めつ危ぐ魚種の数が少ないことが分かる」でもよい。**資料2から読み取ったこと**…森林の多い山から多くの栄養が流れ出ていること，その結果，河口や海に多くの種類の魚がいることを読み取る。**森林が漁業にあたえるえいきょう**…森林の働きによって，栄養分が海に流れ出て，多くの種類の魚が住むようになったり，魚や貝にとってよい環境がつくられたりするため，「森は海の恋人」であるとして，海で養殖業を営む人が山に植林をすることもある。

(3) 資料4から，林業で働く人の数が減少していること，林業で働く人の高齢化が進んでいることの2点を読み取る。森林環境税の実際の活用例には「林業研修制度による担い手の確保」などがある。「林業研修制度による担い手の確保」は林業で働く人の数の減少や高齢化を抑えることが期待できる。

《解答例》

課題1　(1)28.8　(2)最も勢いよく燃える組み合わせ…②，ア　説明…あたためられた空気は上へ動くので，下から上への空気の出入りが多く，木に新しい空気がふれやすくなっているから。　※(3)79800

課題2　(1)ク　(2)記号…ア　説明…ふりこが1往復する時間は，ふりこの長さによって変わる。ふりこの長さは糸をつるす点からおもりの中心までの長さなので，ふりこAのふりこの長さが85cm，ふりこBが90cmとなり，ふりこAの方がふりこの長さが短いから。　(3)変化した重さが増えているのは，空気中の水じょう気が氷水によって冷やされてビーカーの表面に水てきとしてつくことが大きく関わり，変化した重さが減っているのは，水がじょう発し空気中に水じょう気として出ていくことが大きく関わっているから。

課題3　(1)4，5，6のうち1つ
　　　　(2)右図などから1つ
　　　　※(3)記号…イ，エ
　　　　12月に図書館を利用した人数…81

切り分け方 / できた容器の容積 48cm³

切り分け方 / できた容器の容積 50cm³

切り分け方 / できた容器の容積 45cm³

※の説明は解説を参照してください。

《解　説》

課題1

(1) 令和3年度のリサイクル率は30%，目標は33%であったから，目標に33－30＝3(%)だけ届かなかったことになる。1人あたりの1日のごみの量は960gだったから，1人あたり1日あと960×0.03＝28.8(g)のごみをリサイクルすればよかった。

(2) ものが燃えるには新しい空気(酸素)が必要である。ものを燃やしたあとの空気は酸素が不足するため，ものを燃やし続けることができない。ものを燃やした後の空気と新しい空気が効率よく入れかわるようにすると，ものは勢いよく燃える。ものを燃やした後のあたたかい空気は軽くなって上に移動するので，下から新しい空気が入ってくるようにすることで空気の流れができ，木が勢いよく燃える。また，間をあけて木を入れることで，木に新しい空気がふれる面積が広くなる。

(3) 図3で積まれたベールを手前から3つの段に分けると右図のようになり，ベールは全部で2＋5＋7＝14(個)積まれているとわかる。

また，1つのベールにおし固められているペットボトルを，持ち込まれた2Lと500mLのペットボトルの割合と同じと考えると，2Lのペットボトル1本につき500mLのペットボトルが5本あるから，これを1セットとしたときの重さは50＋30×5＝200(g)である。

ベール1つの重さが190kg＝(190×1000)g＝190000gだから，1つのベールには190000÷200＝950(セット)の空のペットボトルがふくまれる。よって，1つのベールには空のペットボトルは(1＋5)×950＝5700(本)入っているので，求める本数は5700×14＝79800(本)である。

課題2

(1) 図2のア〜クのボールはすべて左半分が光っている。よって，アは光っている部分が全く見えない新月，オは光っている部分がすべて見える満月の位置である。さらに，ウは左半分が光って見える半月（下弦の月），キは右半分が光って見える半月（上弦の月）の位置である。月は，新月→上弦の月→満月→下弦の月→次の新月…という順に約30日の周期で満ち欠けする。図1の月は，右側が上弦の月よりも細く光って見えるから，新月から上弦の月になる間のクの位置にある月である。

(2) ふりこが1往復する時間はふりこの長さによって決まっていて，ふりこの長さが短いほどふりこの周期も短くなる。図3において，ふりこの長さは糸の長さではなく，糸をつるす点からおもりの重さがかかる点（重心）までの長さである。重心は球形のボールの中心にあるので，Aでは糸の長さ80cmとボールの半径5cmの和である85cm，Bでは糸の長さ80cmとボールの半径10cmの和である90cmがふりこの長さである。

(3) はじめは氷水が冷たく，空気中の水じょう気が冷やされて水てきに変化することで重さが増えていくが，時間が経過して氷がとけ，水の温度が高くなっていくと，水じょう気が水てきに変化しなくなり，水てきが水じょう気に変化して空気中に出ていくことで重さが減っていく。

課題3

(1) 一の位を四捨五入して20になる整数は，15から24までの整数であり，これらから4を引いた整数は15－4＝11から24－4＝20までの整数である。11から20までの整数のうち，3の倍数は12，15，18だから，元の数は12÷3＝4，15÷3＝5，18÷3＝6より，4，5，6のうちから1つを答えればよい。

(2) 44以上の整数から1つ選んで，積がその数になる3つの整数の組み合わせを探す。3つの整数は直方体の縦，横，高さになるが，ふたがないので，縦と横の長さを3つの数のうち大きい2数にすると，使う木材の面積を減らすことができる。

例えば44を選ぶと，44＝2×2×11だから，どこかに11cmの辺を作らなければならないので，このような直方体は作れない。このことから，3つの数の差をなるべく小さくした方がうまく切り分けられそうだとわかる。

45を選ぶと，45＝3×3×5であり，解答例のように容積が45cm³になる切り分け方が見つかる。

他にも，48＝2×4×6や，50＝2×5×5などから，切り分ける方法を見つけられる。

(3) 4月をもとにしたときの5月の人数の割合は60÷80＝0.75だから，アは正しい。

5月をもとにしたときの6月の人数の割合は60÷60＝1だから，イは正しくない。

6月をもとにしたときの7月の人数の割合は150÷60＝2.5だから，ウは正しい。

7月をもとにしたときの8月の人数の割合は120÷150＝0.8だから，エは正しくない。

以上より，まちがっている点はイとエである。

次に，8月をもとにした12月の人数の割合は，0.4×1.25×0.9×1.5＝0.675だから，12月に図書館を利用した人数は120×0.675＝81（人）である。

《解答例》

課題1　(1)新体操／少人数／大自然／不完全 などから2つ　　(2)人は背伸びしようとしないから。　　(3)A．知っている言葉でもさらに深く調べたりする　B．主人公に自分のどこかが重なり、ほかの人が考えること　C．言葉を味方にして、その時々の状況にふさわしい答えを探しながら進んでいく

課題2　(例文)算数で習った割合が役に立ちました。文ぼう具を買いに行ったときに、値札に二〇％引きと書かれていたので、もとの値段に〇．八をかけて、割引後の値段を計算することができました。買い物の時に、レジに行く前にいくらになるのか計算できるのは大事なことだと思います。また、金魚に塩水浴をさせるときも、どのくらいの塩分のう度にするのかを調べ、何リットルの水に対して、何グラムの塩が必要か計算することができました。

課題3　(1)船はトラックと比べて輸送したきょりが長いためと考えられる。　　(2)トラックは二酸化炭素のはい出量が船や鉄道よりも多く、比かく的二酸化炭素のはい出量が少ないハイブリッド車が増えていることから、今後も続けてハイブリッド車を増やしていくことが考えられる。　　(3)午前便の荷物を配達したトラックはバス停Eで待つ。午後便の荷物は、別のトラックで配送センターからバス停Aに運んだ後、午後 1：20 発のバスでバス停Aからバス停Eに運び、待っているトラックにのせかえる。その後、トラックでE地区の家と配送センターまでの道中にある家に配達を行い、配送センターまでもどる。

《解　説》

課題1

(2)　「自分にとって快適で慣れた環境（かんきょう）」である「コンフォート・ゾーン」では、「成長もない」。その理由について、次の段落で「人が成長するためには、少しだけ背伸びが必要です」と述べている。

(3)A　——線部イの直前に「はじめての表現の手触り（ざわ）を確かめたり、あたりまえの言葉の底をのぞいたりしなければ」とあるから、下線部のようにすれば、「隠された（かく）宝物（たからもの）」に出会えるのである。この部分の前半の「はじめての表現の手触りを確かめたり」を、　A　の直前で、「今まで使ったことのない言葉を使ってみたりする」と言いかえているので、後半の「あたりまえの言葉の底をのぞいたり」の部分を、具体的な言葉でまとめる。

B　——線部ウ「文学は実学である」と言えることについて、直後で文学作品の具体例をあげ、「そのような主人公に自分のどこかが重なります。ほかの人はこう考えるのかと目を開かされます。文学を読むと、現実では遭遇（そうぐう）できないことを深く体験できるのです」と述べている。　　C　「先の見えない世界を乗り越えて」いくには、どうすればよいと本文で述べられているか。最後の2段落で「変化し続ける先の見えない世界。正解が一つではない場所で、自分を知り、その時々の状況（じょうきょう）にふさわしい答えを探しながら進んでいきます。そこで味方になるのは～七変化する言葉です」と述べているので、この部分をまとめる。

課題3

(1)　輸送トン数に比べて輸送トンキロでは、トラックの割合は減少し、船の割合は増加しているので、輸送トンキロを求める計算式のかける数(輸送したきょり)は、トラックが小さく、船が大きいと考えられる。船は重く、大きいものを長きょり輸送するのに適しており、海外から輸入した石油や石炭などの資源の輸送には船が使われる。

⑵　資料3から，トラックでの輸送は，鉄道や船に比べて二酸化炭素のはい出量が多いこと，資料4から，トラックのハイブリッド車の台数が平成30年以降，急激に増えていることが読み取れる。二酸化炭素は地球温暖化の原因となる温室効果ガスの一つであり，ハイブリッド車は，軽油で動くエンジンと電力で動くモーターを組み合わせて走行することから，ガソリン車に比べて二酸化炭素のはい出を抑えることができる。他の工夫として，トラック輸送から，二酸化炭素のはい出量が少ない鉄道や船での輸送に切り替えていくこと（モーダルシフト）も考えられる。

⑶　現在の配達方法では，トラックが「配送センター→バス停A→バス停E→E地区→バス停E→バス停A→配送センター」の道順を午前と午後で1回ずつ，計2回くり返すことになる。バス停A→バス停Eは路線バスを活用することができるので，午前便の配達後，配達センターに届いた午後便の荷物を取りに，わざわざ配送センターにもどっていたのをやめることができる。午前にE地区を回ったあと，バス停Eに待機しておき，別のトラックがバス停Aまで午後便の荷物を運び，路線バスに荷物をのせかえればよい。路線バスの時刻表は，バス停Aを午後1：20に出発し，バス停Eに午後1：50に着くので，午後の配達にも間に合う。このように乗客と荷物の輸送を一緒に行う取り組みを貨客混載という。

《解答例》

課題1 (1) $\frac{1}{10}$　(2)太郎のカード…0，4，8　花子のカード…1，3，7　進のカード…2，5，6

※(3)A→C〔別解〕D→B

課題2 (1)上側の円の円周…81.6　下側の円の直径…17.5　※(2)(き)400　b．10　c．15

(3)d．7.5　階段を入れる前の水面の高さ…3.7

課題3 (1)ベンチ…B　説明…このあと太陽は西に動くから，かげは太陽の反対の東にできる。だから，木のかげの西にあるベンチBはかげに入らない。　(2)予想…小さいいすの方が長いきょりを走らせることができる。予想を確かめる2台の部品…右表　(3)特ちょう…コーンスープは時間の経過とともに，上部と下部の温度差が大きくなる。　説明…コーンスープの温められた部分は上に動きにくく，全体が温まりにくいから。

	車体	タイヤ	いす
1台目	ア	ウ	オ
2台目	ア	ウ	カ

※の説明は解説を参照してください。

《解　説》

課題1

(1)　はじめにあったピザの大きさを⑩とする。太郎さんが切り取ったピザの大きさは⑩×$\frac{1}{5}$＝②，花子さんが切り取ったピザの大きさは②÷2＝①，進さんが切り取ったピザの大きさは②×3＝⑥だから，残っているピザの大きさは，⑩－②－①－⑥＝①である。よって，残っているピザの大きさは，はじめにあったピザの大きさの$\frac{①}{⑩}＝\frac{1}{10}$(倍)になっている。

(2)　太郎さんの3つの数字はすべて偶数で，3つの数字の積が0になるから，3つの偶数のうち，1つは必ず0がふくまれる。花子さんは3つの数字の積が21の倍数で，21＝3×7だから，3つの数字には必ず3の倍数である3か6と，7の倍数である7がふくまれる。また，3つの数字の和が奇数になるから，3と7がふくまれれば残り1つは奇数で，6と7がふくまれれば残り1つは偶数である。進さんは3つの数字の積の一の位の数字が0になり，10＝2×5だから，3つの数字には必ず2の倍数(偶数)と5の倍数である5がふくまれる。また，3つの数字の積が3で割り切れる，つまり，3つの数字の積が3の倍数になるから，3つの数字には必ず3の倍数である3か6がふくまれる。まとめると右表のようになる。花子さんのカードで場合を分けて考える。

太郎	（0，偶，偶）
花子	（3，7，奇）か（6，7，偶）
進	（5，3，偶）か（5，6，？）

花子さんが(3，7，奇)の場合，奇数はあと1しか残っていないから，花子さんは(1，3，7)となる。太郎さんは(0，偶，偶)，進さんは(5，6，？)で，残っているカードは2，4，8だから，2，4，8が「偶」と「？」にどのように割りふられてもよい。解答例はこの場合の組み合わせの1つの例であり，他にも解答が考えられる。

花子さんが(6，7，偶)の場合，太郎さんは(0，偶，偶)，進さんは(3，5，偶)で，残っている偶数は2，4，8だから，偶数が足りない。よって，この場合に条件に合う組み合わせはない。

(3)　ケーキの代金の合計は300×3＝900(円)なので，商店で買うものの代金の合計が1500－900＝600(円)以内ならよい。商店Aは定価だと100×3＋180×2＝660(円)，セールだと660×(1－0.2)＝528(円)になる。商店Bは定価だと120×3＋200×2＝760(円)，セールだと760×(1－0.3)＝532(円)になる。よって，どちらの商店に行

く場合も，タイムセール中に行かなければならない。また，午前10時から11時までの1時間のうち，買い物に使った時間の合計は15＋5＝20（分）なので，移動に使った時間は1時間－20分＝40分までである。

商店Aに行く場合，自転車の速さは分速200m＝分速0.2kmだから，商店Aとケーキ屋Cに行くとすると，移動にかかる時間は(2.0＋2.2＋3.4)÷0.2＝38（分）なので条件に合う。商店Aとケーキ屋Dに行くとすると，移動にかかる時間は(2.0＋3.0＋3.6)÷0.2＝43（分）なので条件に合わない。

先に商店Aに行くと，10時＋(2.0÷0.2)分＋15分＝10時25分に買い物がすむので，タイムセール中に買える。よって，A→Cの順で行けばよい。

商店Bに行く場合，商店Bとケーキ屋Cに行くとすると，移動にかかる時間は(2.6＋2.6＋3.4)÷0.2＝43（分）なので条件に合わない。商店Bとケーキ屋Dに行くとすると，移動にかかる時間は(2.6＋1.6＋3.6)÷0.2＝39（分）なので条件に合う。先に商店Bに行くと，10時＋(2.6÷0.2)分＋15分＝10時28分に買い物がすむので，タイムスール中に買えない。先にケーキ屋Dに行くと，10時＋(3.6÷0.2)分＋5分＋(1.6÷0.2)分＋15分＝10時46分に買い物がすむので，タイムセール中に買える。よって，D→Bの順で行けばよい。

課題2

(1) （円周）＝（直径）×3.14，（直径）＝（円周）÷3.14である。よって，上側の円の円周は，26×3.14＝81.64より，約81.6cm，下側の円の直径は，55÷3.14＝17.51…より，約17.5cmである。

(2) （へこみのない）立体の表面積は，その立体を上下左右前後から見たときに見える図形の面積の合計で求められる。上下から見たときは，たて30cm，横40cmの面がみえる。左右から見たときは，たて15cm，横30cmの面がみえる。前後から見たときは，（き）と同じ面がみえる。よって，上下左右から見たときに見える図形の面積の和が30×40×2＋15×30×2＝3300（cm²）だから，前後から見たときに見える図形の面積の和は，4100－3300＝800（cm²）よって，（き）の面の面積は，800÷2＝400（cm²）

400＝10×40だから，（き）の面を移動させて，たて10cm，横40cmの長方形ができればよい。

階段の高さはそれぞれ15÷3＝5（cm）なので，（き）の面について，右のように作図すると，2つの四角形⑦と⑥の面積が等しいとき，⑦を⑥に移動させることで，たて10cm，横40cmの長方形ができる。⑦と⑥の面積が等しくなるのは，aとcの値（あたい）が同じときである。例えば，b＝10cmのときは，a＋c＝40－10＝30（cm）だから，a＝c＝30÷2＝15（cm）となる。このように，a＝cとなればよいので，bとcの組み合わせは他にもいくつかある。

(3) dの長さの4倍は，50－20＝30（cm）となるので，dの長さは，30÷4＝7.5（cm）

各段の高さは15÷5＝3（cm）だから，階段を入れた後の水面の高さは，3×2＝6（cm）

水そうの底面積は40×90＝3600（cm²）だから，水の体積と，階段が水につかっている部分の体積の和は，3600×6＝21600（cm²）である。階段を正面から見ると，水につかっている部分は右図の色付き部分だから，この部分を底面とすると，高さが30cmの柱体となる。

色付き部分の面積は，(3×2)×50－3×7.5＝300－22.5＝277.5（cm²）だから，階段の水につかっている部分の体積は，277.5×30＝8325（cm²）

水の体積は21600－8325＝13275（cm²）だから，求める高さは，13275÷3600＝3.68…より，約3.7cmである。

課題3

(1) かげが北向きにできているから，このとき太陽はその反対方向の南にあり，正午ごろだと考えられる。よって，この後，太陽は西の地平線に向かって動くので，かげができる方位は少しずつ東へ動いていく。図1では，左が東，

右が西だから，木のかげの西にあるベンチBは，この後，木のかげの中に入ることはない。

(2)　１台目と２台目で，調べたいことの条件のみが異なるように２台の部品を組み合わせればよい。解答例では，いすの大きさのちがいに着目している。組み合わせる車体はアとアでなく，イとイでもよく，タイヤもウとウではなく，エとエでもよい。解答例以外でも，車体をアとイにして，タイヤといすをどちらも同じものにしたり，タイヤをウとエにして，車体といすをどちらも同じものにしたりすることで，車体の形のちがいやタイヤのはばのちがいについても調べることができる。

(3)　水は温められると軽くなって上に移動し，そこに温まっていない水が流れこんでくる。この動きがくりかえされることで，全体が温まっていく。このような熱の伝わり方を対流という。また，冷ますときも同様に，空気に直接ふれる水の上部が冷めると重くなって下に移動し，上部に温かい水が移動してくる。コーンスープはねばりけがあり，対流が起こりにくいため，上部と下部の温度の差が大きくなる。

《解答例》

課題1　(1)発表／発見／発送／開発／出発／告発 などから4つ　　(2)部首／部首が「ごんべん」なので、部首さく引の「ごんべん」で調べる。　総画／画数が十六画なので、総画さく引の十六画で調べる。　音訓／読みが「かい」なので、音訓さく引の「かい」で調べる。 から2つ　　(3)Ａ．桜が静かに散る光景を、大きな音が聞こえるような世界ととらえている。　Ｂ．いやな病気をうれしいものだととらえている。　　(4)あえて常識とことなる考え方をしたり、マイナスをプラスに変えて表現したりすることで、逆境をのりこえる力を生み出し、言葉を通して他者と心を通わせることができる

課題2　(例文)資料１から、夏休みは主にゲームやインターネットをして過ごした人が多く、読書や運動をして過ごした人が少ないことが分かります。私は、より良い春休みの過ごし方を自分達で考えて、あらかじめ生活スケジュール表を作ればよいと思います。計画性のない過ごし方をすると、勉強や運動、読書などの自分をみがく時間をけずって、ゲームやインターネットなどの楽なことに時間をかけてしまいがちだと思うからです。

課題3　(1)新潟市は冬の降水量が多いが，佐賀市は冬の降水量が少なく，雪が少ないことがわかるので，佐賀市で二毛作がさかんに行われているといえる。　　(2)お墓…米づくりが始まったことで，米づくりを指導する人があらわれ，そのような人々が強い力をもち，むらを支配するようになったから。　矢じり…米づくりが始まったことで，水田やたくわえている米などをめぐって，争いが起こるようになったから。　　(3)(例文)目の不自由な人がいた場合，一人で移動するのがむずかしいので，き険な場所を知らせながらひ難所まで付きそう。

《解　説》

課題1

(3)Ａ　Ａの俳句のあとに、「音もなく 桜 の花が散る、美しい光景です。しかし又吉さんは、<u>その 静 寂 を『爆音』だととらえました</u>」とある。　　Ｂ　Ｂの俳句のあとに「くだものが大好きな子規は、山盛りの 苺 を用意してもらえるのも病気になったおかげだ、<u>病気は嬉しいものだなあ、と詠みました。ふつう、病気は嫌なものです</u>。でも、子規はあえて、発想を変えました」とある。

(4)　ＡとＢの俳句は、常識とは異なる考え方やとらえかたをしている。これらをふまえ、俳句の力について「あえて常識にそむき、違う考え方を採用してみることで、逆境をのりこえる力が生まれ、自分とは異なる他者への理解も深まります」と述べている。また、「思考に角度をつけ、マイナスをプラスに変えてみましょう」ともある。Ｃの俳句のあとには、この俳句の内容をふまえて、「言葉を通して、他者と心を通わせる経験は、きっとみなさんの財産になります」と述べている。

課題3

(1)　資料１より、小麦の種まきが11月に始まり、小麦の収かくの５月まで、小麦のさいばいが続くことに着目する。資料２の12月・１月の降水量(降雪量)を見ると、新潟市は150㎜以上と多いが、佐賀市は50㎜ほどと少ないことが読み取れるので、雪の積もらない佐賀市で二毛作がさかんに行われていると導きだせる。

(2)　お墓の大きさに違いが生まれたことから、米づくりが広まっていた弥生時代には、支配する者と支配される者の身分の差がはっきりとしていたと導きだせる。また、重くて丈夫な金属製の矢じりがつくられるようになったこと

から，弥生時代には武器として人間に使われるようになったと導きだせる。

(3)　ひ難行動要支えん者には，足の不自由な人や一人暮らしの高れい者，日本語のわからない外国人なども含まれる。災害発生時，危険を察知したり，状況を判断したり，自力でひ難したりすることが困難な人たちをできる範囲内で助けて，情報の伝達やひ難誘導を行うようにしよう。

《解答例》

課題1　(1)太郎…12　花子…16　※(2)増えた後の参加者…60　あめ…296，297，298，299 のうち1つ　袋…80

(3)考えられる太郎の得点…6点，8点，9点，10点

[選んだ太郎の得点，花子の得点，進の得点，陽子の得点]＝[6，3，8，9]，[6，3，7，9]，

[6，15，10，9]，[8，3，10，12]，[8，6，10，12]，[8，9，10，12] のうち1つ

課題2　(1)2，C　(2)右図

(3)(ア)157　(イ)125.6

課題3　(1)右図　(2)食塩水A，Bからそれぞれ同じ重さを電子てんびんではかりとり，蒸発皿に入れてアルコールランプで加熱する。出てきた食塩の重さを電子てんびんではかり，重いほうが濃い食塩水である。　(3)説明…夏は浸水時間が30分の時，吸水量が18％である。冬に吸水量が，夏と同じ18％となるのは60分の時である。したがって60分の浸水時間が良いと考えられる。／60

※の説明は解説を参照してください。

《解　説》

課題1

(1)　太郎さんは 0.8÷4＝0.2(時間)，つまり，0.2×60＝12(分)かかる。

花子さんは 3.2÷12＝$\frac{4}{15}$(時間)，つまり，$\frac{4}{15}$×60＝16(分)かかる。

(2)　12人増えたことで使用する袋が12枚増えた。この枚数は，全部の袋の枚数の $\frac{3}{4}-\frac{3}{5}=\frac{3}{20}$ にあたるから，全部の袋の枚数は，12÷$\frac{3}{20}$＝80(枚)である。12人増える前は 80×$\frac{3}{5}$＝48(枚)の袋を使ったから，増える前の参加者の人数は48人，増えたあとの参加者の人数は48＋12＝60(人)である。

増える前の48枚の袋に6個ずつ入れてもあめは余ったから，あめの個数は，6×48＝288(個)より多い。

増えたあとの60枚の袋のうち59枚にあめが5個ずつ，最後の1枚にあめが1〜4個入っているので，あめの個数は，5×59＋1＝295＋1＝296(個)以上，295＋4＝299(個)以下である。

以上より，あめの個数は，296個，297個，298個，299個のいずれかである。

(3)　4つの的の合計得点は，1＋2＋3＋5＝11(点)であり，太郎さんはこのうち1つにだけ当てなかったから，考えられる太郎さんの得点は，11−5＝6(点)，11−3＝8(点)，11−2＝9(点)，11−1＝10(点)である。

「全員の得点はちがう」「進さんは2位」という条件を考えずに，花子さん，進さん，陽子さんの考えられる得点を調べると，次のようになる。

花子さんは，1×3＝3(点)，2×3＝6(点)，3×3＝9(点)，5×3＝15(点)である。

進さんは右表Iのようになるから，2点，3点，4点，5点，6点，7点，8点，10点である。

陽子さんは，6×1.5＝9(点)，8×1.5＝12(点)，10×1.5＝15(点)である。

表I

	1	2	3	5
1	2	3	4	6
2	3	4	5	7
3	4	5	6	8
5	6	7	8	10

陽子さんの得点を決めると太郎さんの得点が決まり，2位になるため
の進さんの得点が限られてくる。したがって，陽子さんの得点を決め
てから，条件に合うように4人の得点を決めればよい。
考えられる得点の組み合わせは右表Ⅱの6通りある。

表Ⅱ

太郎さん	6点	6点	6点	8点	8点	8点
花子さん	3点	3点	15点	9点	6点	3点
進さん	8点	7点	10点	10点	10点	10点
陽子さん	9点	9点	9点	12点	12点	12点

課題2

(1) 図形の中を点や光が反射しながら進む問題と同じである。このような問題では，(2)で説明されているように，
発射された点がはじめに進む方向に線を延長し，この線に沿って反射する辺で
図形を折り返していくと，点が反射する場所がわかる。右のように作図でき，
ロボットの移動を表す線はとちゅうで正方形の辺と2回交わるので，ロボット
は壁に2回ぶつかり，角Cで止まる。

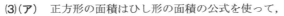

図①

(2) ロボットはまず辺HGか辺GFにぶつかるから，最初に辺HGで折り返す
場合と辺GFで折り返す場合で2通り考えればよい。

最初に辺HGで折り返す場合，右図①のように角Fにたどりつく。とちゅうで
台形の辺と1回交わるので，壁にぶつかる回数は1回である。

最初に辺GFで折り返す場合，Eからまっすぐにのびる線が辺GFと交わった
あとに交わる辺はEFしかないので，次は辺EFで折り返す。その次に辺HG
で折り返すと，Fまでのびる直線が台形の外を通ってしまうので，次は辺EH
で折り返す。したがって，図②のようになり，とちゅうで台形の辺と3回交わ
るので，壁にぶつかる回数は3回である。

図②

(3)(ア) 正方形の面積はひし形の面積の公式を使って，
(対角線)×(対角線)÷2で求められることを利用する。

正方形の面積は10×10＝100(㎠)だから，(対角線)×(対角線)の値は100×2＝200である。つまり円について，
(直径)×(直径)＝200だから，(半径)×(半径)＝(直径)×$\frac{1}{2}$×(直径)×$\frac{1}{2}$＝(直径)×(直径)×$\frac{1}{4}$＝200×$\frac{1}{4}$＝50と
なる。よって，円の面積は，50×3.14＝157(㎠)

(イ) 右のように作図すると，四角形ABCDは正方形になる。正方形ABCDの面積が
わかれば，(ア)から円の面積を求められる。

色をつけた三角形と斜線の三角形は合同なので，正方形ABCDの面積は，1辺が4㎝の
正方形5個の面積と等しく，4×4×5＝80(㎠)

(ア)において正方形と円の面積比は100：157だったから，(イ)でも同様なので，(イ)の
円の面積は，80×$\frac{157}{100}$＝125.6(㎠)

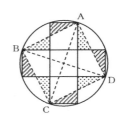

課題3

(1) 図1より，豆電球のソケットから出る2本の導線のうち，一方は豆電球の側面に，もう一方は豆電球の底面に
つながっている。したがって，ソケットのない豆電球では，側面と底面につながるように回路を作れば，豆電球に
明かりがつく。導線は1本しかないので，解答例のように豆電球とかん電池が接するようにつなぐ。

(2) 〔濃さ(%)＝$\frac{とけているものの重さ(g)}{水よう液の重さ(g)}$×100〕より，濃さを見分けるときは，水よう液の重さを同じにして
とけているものの重さ(水を蒸発させて出てくる結晶の重さ)を比べる。

(3) 具体的な値を使って説明する。夏のグラフでは，浸水時間が30分の時，吸収量が18%である。冬のグラフで
同じ吸収量になる時，浸水時間は60分である。

―《解答例》―

課題1　(1)①空気がすんで、風が心地よい季節になりました。　②多くの方のご参加をお待ちしております。

(2)授業で使う教科書　　(3)多くの言葉を知っていれば、それだけ物事を深く考えられるということ。

(4)「人生」にかかわる「読解力」は、言葉の表現者の意図を正確に読み、それを自分の言葉に置きかえてかいしゃくする力で、自分の想像力や思考力をきたえる必要があるから。

課題2　〈作文のポイント〉

・最初に自分の主張、立場を明確に決め、その内容に沿って書いていく。

・わかりやすい表現を心がける。自信のない表現や漢字は使わない。

さらにくわしい作文の書き方・作文例はこちら！→

https://kyoei-syuppan.net/mobile/files/sakupo.html

課題3　(1)10 代から 30 代は，テレビの視聴時間が減っているがインターネットの利用時間が増えている。一方，40 代から 60 代は，テレビの視聴時間はほとんど変わらないが，インターネットの利用時間は増えている。

(2)1990 年は住まいの購入を考えるような働く世代に，2020 年は健康に関心のある高齢の世代に情報を届けようとしており，情報の受け手である読者層が変化していると考えられるから。　　(3)ア．優れたイラストを描いても発表の機会がなかった　イ．インターネット上に自分の作品を発表し，多くの人から評価を受けることができるようになった。

《解　説》―

課題1

(1)①　10 月の時候のあいさつには、他に「木々の葉が色づいてまいりました」「実りの秋となりました」などがある。　　②　接頭語の「お」や「ご」をつけることで、読む人に敬意を表す尊敬語にできるので、「参加」を「ご参加」にする。書き手の動作には謙譲語を用いるので、「お～する」の表現を用いて、「待って」を「お待ちして」に直す。また、「待って<u>ます</u>」は間違った表現で、本来は「待って<u>います</u>」とするべきである。ここでは、「います」をさらに丁寧な表現である「おります」に直している。

(2)　直前の2行を参照。「これ」は、学校の授業で使う教科書の内容、具体的には「国語や道徳の授業」で読む「物語や説明文、伝記など」、「算数や理科の授業」で読む「図形や式、グラフなどの資料」などを指している。

(3)　直前に「ひとは、言葉以外のもので思考できない」とある。言葉を使って思考するのだから、「言語のレベル」が高い、つまり、〝言葉を多く知っている〟ことで、その言葉を用いて、深く豊かな思考ができるのである。

(4)　「それぞれの『読解力』」とは、①村上さんが昔から国語という教科で求めてきた「読解力」と、②「別の読解力」である。本文の後半の内容から、①の読解力は「『人生』に直接かかわるもの」で、②「別の『読解力』」（「昨今話題の『読解力』」）は、「『生活』にかかわるもの」である。問題では②の「生活にかかわる」読解力については、すでに説明が書かれているので、①の人生にかかわる読解力について説明すればよい。本文 □ 内の7～10 行目の「『読解力』とは、言葉の表現者の意図を正確に読み、それを自分の言葉に置き換えて解釈する力である～読解力とは想像力、思考力の鍛錬である」からまとめる。

課題3

(1) テレビの視聴時間の変化によって2つのグループに分ける。資料1より，たて軸に着目すると，全世代の矢印が上に伸びていることから，インターネットの利用時間が増えていることがわかる。横軸に着目すると，10代・20代・30代の矢印は左を指していることから，テレビの視聴時間が減っていることがわかる。一方，40代・50代・60代の矢印は左右にほとんど動いていないことから，テレビの視聴時間がほとんど変わっていないことがわかる。

(2) 太郎さんが「1990年は，自動車や住まいに関するものが多いですが，2020年では，健康や医療に関するものが多くなっています」と言っていることに着目する。少子高齢化によって，働く世代が減少して高齢者が増え続けているため，新聞広告のターゲット層も高齢化していった。

(3) 解答例の他，アを「お店の宣伝ができなかった」として，イを「インターネット上に商品の写真や広告を載せて，お客を呼び込むことができるようになった。」とするのも良い。インターネット上では，ＳＮＳなどを利用して無料で発信できるといった長所がある。一方，情報の拡散力があるため，個人に対する誹謗中傷が深刻化しやすいといった短所もあることを覚えておこう。

岡山操山中学校

《解答例》

課題1 (1) 1，22　　(2)太郎さんは…231　花子さんは…224

※(3)表…右表／9，63〔別解〕7，81

課題2 (1)(ア)11.1　(イ)142.8　※(2)5.652　(3)11，25，35，55 から2つ

課題3 (1)太陽の方向に雲がなく夕焼けがきれいに見えるということから，西の空が晴れていることがわかる。天気は西から東に移るので，西の空が晴れているということは，その後の天気は晴れになりやすい。

(2)説明…点B，Cのどちらにくぎを固定しても，糸がくぎにふれているときのふりこの長さは実験2のときと同じなので，実験2のときよりも糸がくぎにふれている時間が短くなる点Cにくぎを固定すればよい。　答…C　(3)説明…空気，水，金属の温度がそれぞれ同じように高くなるとき，もっとも体積の変化が大きいのが空気なので，試験管Cの少量の水が一番上まで動く。また，もっとも体積の変化が小さいのが金属なので，試験管Bの水面が一番低くなり，④が正しく表したものとなる。　正しく表したもの…④

	本の冊数		
	本D	本E	本F
10段目	0	0	0
9段目	13	9	2
8段目	13	9	2
7段目	13	9	2
6段目	13	9	2
5段目	13	9	2
4段目	13	9	2
3段目	13	9	2
2段目	13	9	2
1段目	13	9	2

	本の冊数		
	本D	本E	本F
10段目	0	0	0
9段目	0	0	0
8段目	0	0	0
7段目	24	11	0
6段目	24	11	0
5段目	24	11	0
4段目	24	11	0
3段目	21	13	0
2段目	0	22	3
1段目	0	2	15

〔別解〕の表

※の説明は解説を参照してください。

《解　説》

課題1

(1) 毎日15ページずつ読むと，$320 \div 15 = 21$ 余り5より，$21 + 1 = 22$（日）で本を読み終える。1月1日から読み始めるから，終わるのは1月22日である。

(2) 太郎さんは1日目に，$396 \times \frac{1}{4} = 99$（ページ），2日目に残り $396 - 99 = 297$（ページ）の $\frac{4}{9}$ である $297 \times \frac{4}{9} = 132$（ページ）を読み終えたので，2日間で $99 + 132 = 231$（ページ）読んだ。花子さんは1日目に138ページ，2日目に $215 \times \frac{40}{100} = 86$（ページ）を読み終えたので，2日間で $138 + 86 = 224$（ページ）読んだ。

(3) 表3から，本D，E，Fのそれぞれの冊数の合計は，$45 + 72 = 117$（冊），$33 + 48 = 81$（冊），$9 + 9 = 18$（冊）だから，本D，E，Fのそれぞれの厚さの合計は，$2 \times 117 = 234$（cm），$3 \times 81 = 243$（cm），$5 \times 18 = 90$（cm）なので，すべての本の厚さの合計は，$234 + 243 + 90 = 567$（cm）である。これをすきまなく各段に並べるのだから，本だなの段数は567の約数になる。本だなの横はばは150cm以下なので，$567 \div 150 = 3$ 余り117より，本だなの段数は4段以上である。567を素数の積で表すと $567 = 3 \times 3 \times 3 \times 3 \times 7$ となり，4以上10以下の567の約数として，7と $3 \times 3 = 9$ が見つかるので，本だなの段数は7段か9段である。

本D，E，Fのそれぞれの冊数（117冊，81冊，18冊）が7の倍数か9の倍数ならば，各段に同じ並べ方で本を並べられるので調べてみると，7の倍数はないが，すべて9の倍数であるとわかる。したがって，段数を9段にし，各段に本Dを $117 \div 9 = 13$（冊），本Eを $81 \div 9 = 9$（冊），本Fを $18 \div 9 = 2$（冊）並べると，ぴったり並べることができる。このときの本だなの横はばは，$567 \div 9 = 63$（cm）である。

なお，本だなの段数を7段とする場合は，本だなの横はばは $567 \div 7 = 81$（cm）となり，解答例のように本をすきまなく並べることができる。9段の場合でも7段の場合でも，表は解答例以外にも色々考えられる。

課題2

(1)(ア) トラックの直線部分の長さの合計は 40＋40＝80(m)なので，トラックの曲線部分の長さの和は 150－80＝70(m)となる。トラックの曲線部分を2つ合わせると円になるので，円周が 70m となる円の半径を求める。円周は(直径)×3.14 で求められるので，半径は，70÷3.14÷2＝$70×\frac{1}{2}×\frac{1}{3.14}＝\frac{35}{3.14}$＝11.14…より，小数第2位を四捨五入して，約 11.1m である。

(イ) (ア)の解説をふまえる。トラックの直線部分の長さの和は 80m，曲線部分の長さの和は 10×2×3.14＝62.8(m)なので，求める長さは，80＋62.8＝142.8(m)である。

(2) 右図のように線を引き，トラックを直線部分と曲線部分に分けて考える。内側の線も外側の線も直線部分は同じ長さなので，曲線部分の差だけを考える。3つの曲線部分を合わせると，1つの円になるので，内側の曲線の長さの和は，半径 90cm＝0.9m の円の円周の長さ，外側の曲線の長さの和は，半径 0.9×2＝1.8(m)の円の円周の長さに等しい。したがって，求める長さの差は，1.8×2×3.14－0.9×2×3.14＝(1.8－0.9)×2×3.14＝0.9×2×3.14＝1.8×3.14＝5.652(m)である。

(3) 西暦の年数は昭和の年数より 1926－1＝1925 大きいのだから，昭和の年数が□のときの西暦は(□＋1925)と表せる。これが□でわり切れるとき，(□＋1925)÷□＝$1＋\frac{1925}{□}$が整数なのだから，□は 1925 の約数である。1925 を素数の積で表すと，1925＝5×5×7×11 となる。昭和は1年から64年までだから，1以上64以下の 1925 の約数として，1，5，7，11，5×5＝25，5×7＝35，5×11＝55 が見つかる。

よって，昭和 11 年，25 年，35 年，55 年のうちから2つ答えればよい。

課題3

(1) 日本付近の上空では，強い西風(偏西風〈へんせいふう〉)がふいているため，雲は西から東へ移動し，天気も西から東へ変化していくことが多い。このことと，夕方の太陽が西の空にあることから，夕焼けがきれいに見えると，次の日は晴れることが多いと考えることができる。これと同じような考え方をもとに，「朝虹〈にじ〉は雨，夕虹は晴れ(朝に虹が見えた日は雨になり，夕方に虹が見えた翌日は晴れになる)」という観天望気がある。

(2) ふりこが1往復する時間はふりこの長さによって決まっていて，ふりこの長さが長いほどふりこが1往復する時間は長くなる。図1の実験2では，Aの左側を実験1と同じ長さのふりことして動き，Aの右側を実験1より短いふりことして動くため，Aの右側でふりこが短くなった分だけ移動にかかる時間が短くなり，1往復する時間が短くなった。糸がくぎにふれるとふりこの長さが短くなるので，Aのときよりくぎにふれるまでの時間が長くなる(くぎにふれている時間が短くなる)Cにくぎを固定すれば，1往復する時間が(4.0 秒よりは短く)Aのときの 3.4 秒よりは長くなる。

(3) ④○…ものはあたためられると体積が大きくなる。上昇〈じょうしょう〉した温度が同じとき，体積の増加が大きい順に，空気＞水＞金属となるので，ガラス管内の水面が高い順に，C＞A＞B となる。

―《解答例》―

課題1 (1)[熟語／文]（例文）[視覚／映像を使って視覚にうったえる。]，[資格／出場資格を得る。]　(2)頭の中にあらかじめ作ったイメージに徹底的に集中でき、跳ぶことへの恐怖心をなくせること。　(3)(例文)歩行者用の信号機の中には音の出るものがあって、目の見えない人でも耳で聞いて、渡ってよいときと悪いときが分かるようになっている。　(4)さまざまな障害を持った人が共に生きる社会になるから、人と人が理解しあうために、相手の体のあり方を知ろうとする

課題2 ＜作文のポイント＞

・最初に自分の主張、立場を明確に決め、その内容に沿って書いていく。

・わかりやすい表現を心がける。自信のない表現や漢字は使わない。

さらにくわしい作文の書き方・作文例はこちら！→

http://bit.１y/JekfSh

課題3 (1)石油化学コンビナートが多いので，関東内陸工業地域にくらべて化学工業生産額の割合が高い。

(2)ア．スーパーマーケットを選んで，スーパーマーケットで集めたペットボトルがどこでリサイクルされているのか調べてみたいと思います。（スーパーマーケットではお客さんからペットボトルを回収するボックスを設置してたくさん集めているので取材をしてみたいと考えました。）　イ．国内処理 12%に対して，輸出が16%もあり，国内処理されるよりも国外へ多く輸出していることが課題だと考えます。輸出するということは他の国に日本のごみを押しつけていることになり，他の国が受け入れなくなったときに国内で処理しきれなくなるからです。

―《解　説》―

課題1

(2)「もちろん」で始まる段落に「しかし，『跳ぶ』という肝心の行為に関しては」とあることに着目する。「頭の中にあらかじめ作ったイメージに徹底的に集中することが重要～偶発事を排除した揺るがないイメージに没入することができれば，恐怖心は生まれません」とある。――アのようにすることで，跳ぶことへの恐怖心をなくすことができると筆者は考えている。

(4)筆者は，――ウのような「超高齢化社会」を，直後に「さまざまな障害を持った人が，さまざまな体を駆使してひとつの社会をつくりあげていく時代」と説明している。そして，最後の段落で「そうなると」と受けて，「人と人が理解しあうために，相手の体のあり方を知ることが不可欠になってくるでしょう」と述べている。

課題3

(1)資料２より，石油化学コンビナートの数が，関東内陸工業地域は０，瀬戸内工業地域は４つあることがわかる。そのことを踏まえて資料１を見ると，工業生産額はほぼ同額であるにもかかわらず，化学工業生産額の割合が，瀬戸内工業地域は 21%，関東内陸工業地域は９%で，瀬戸内工業地域の方が関東内陸工業地域より２倍以上高いとわかる。

(2)ア　解答例の「ペットボトル」を「食品トレー」「牛乳パック」などにしても良い。また，「どこでリサイクルされているのか」を「何にリサイクルされているのか」にしても良い。ペットボトルは卵パックや衣料品，牛乳パック

はトイレットペーパーなどにリサイクルされている。市役所を選ぶ場合は、「市役所を選んで、リサイクルされるごみをどのように分類して回収しているのか調べてみたいと思います。」などの解答が考えられる。資源として再利用する「リサイクル」、ゴミの発生を抑制する「リデュース」、そのままの形体で繰り返し使用する「リユース」をまとめて３Ｒと呼ぶ。３Ｒを進めて新たな天然資源の使用を減らす循環型社会の実現を目指していこう。

イ リサイクルされているプラスチックのうち、国内処理量は 108 万 t、輸出量は 143 万 t あり、国内よりも国外で処理している量の方が多いことがわかる。解答例のほか、「リサイクルされないまま焼却されているプラスチックが 76 万 t もあり、二酸化炭素を大量に排出していることが課題だと考えます。二酸化炭素などの温室効果ガスが大量に排出されると、地球表面の気温が高くなっていく地球温暖化現象が引き起こされるからです。」なども良い。

《解答例》

課題1　(1)6.96　　(2)行き方…D→C　時間…156　費用…2040〔別解〕行き方…C→D　時間…132　費用…2780

　　　　※(3)32

課題2　(1)

作る図形	長方形	正方形	ひし形	五角形	六角形
セロハンの枚数(枚)	2	24	4	3	4

　　　※(2)$5\frac{1}{7}$

　　　(3)

星が2個

星が4個

星が6個

課題3　(1)ウ

　　　(2)1つめの方法と結果…食塩とミョウバンをそれぞれ 20℃でとけるだけとかす。とける量が多い方が食塩である。

　　　2つめの方法と結果…水を 60℃まであたため，食塩とミョウバンをそれぞれとかす。とける量の少ない方が食塩である。

　　　(3)[－／＋]　解答らん①…1個目．[ウ／エ]，2個目．[オ／カ]

　　　解答らん②…1個目．[イ／ウ]，2個目．[カ／イ]

　　　　　　　　　　　　　　　　　　　　　　　　　　　　　※の説明は解説を参照してください。

《解　説》

課題1

(1)　『A→B→C→E→F』と進むときの道のりの長さは，4＋36＋72＋4＝116(km)だから，必要なガソリンの量は，0.06×116＝6.96(L)である。

(2)　時速 80 km＝分速$\frac{80}{60}$km＝分速$\frac{4}{3}$km，時速 40 km＝分速$\frac{40}{60}$km＝分速$\frac{2}{3}$kmである。

Aを8時20分に出発して，Fに11時までに着くように行くから，かかる時間が 11 時－8 時 20 分＝2 時間 40 分＝（2×60＋40）分＝160 分以内，またかかる費用が 3000 円以内となればよい。

(1)のように最も短い道のりで進むと，移動する時間は 116÷$\frac{2}{3}$＝174(分)となり，174－160＝14(分)多い。

したがって，例えばB→CをB→D→Cにかえることを考える。B→Cにかかる時間は 36÷$\frac{2}{3}$＝54(分)で，B→D→Cにかかる時間は 40÷$\frac{4}{3}$＋4÷$\frac{2}{3}$＝30＋6＝36(分)だから，最も短い道のりで行くよりも 54－36＝18(分)短くなる。このときに走る道のりは，最も短い道のりで進むときより，40＋4－36＝8(km)長くなって，116＋8＝124(km)だから，かかるガソリン代は 10×124＝1240(円)，高速道路の料金は 800 円である。

よって，A→B→D→C→E→Fで行くと，かかる時間は 174－18＝156(分)で，かかる費用は 1240＋800＝2040(円)となり条件に合うとわかる。

同じように，C→EをC→D→Eにかえることを考えると，C→Eでかかる時間は 72÷$\frac{2}{3}$＝108(分)，C→D→Eでかかる時間は 4÷$\frac{2}{3}$＋80÷$\frac{4}{3}$＝66(分)だから，108－66＝42(分)短くなる。また，走る道のりは，4＋80－72＝

12(km)長くなって116＋12＝128(km)だから，かかるガソリン代は10×128＝1280(円)，高速道路の料金が1500円である。よって，A→B→C→D→E→Fで行くと，かかる時間は174－42＝132(分)で，かかる費用は1280＋1500＝2780(円)となり条件に合うとわかる。

なお，B→C→EをB→D→Eにかえると，かかる時間は72分短くなり174－72＝102(分)で160分以内となるが，かかる費用は10×（4＋40＋80＋4）＋2300＝3580(円)で3000円以上となるので，条件に合わない。

(3) 時速10km＝分速$\frac{10}{60}$km＝分速$\frac{1}{6}$kmである。

C→Gを進むのにかかる時間は(72－12)÷$\frac{2}{3}$＝90(分)，G→Eを進むのにかかる時間は12÷$\frac{1}{6}$＝72(分)だから，C→G→Eと進んだときにかかる時間は90＋72＝162(分)である。また，C→Dを進むのにかかる時間は6分，D→Eを進むのにかかる時間は80÷$\frac{4}{3}$＝60(分)だから，C→D→Eと進んだときにかかる時間は6＋60＝66(分)である。したがって，C→H→Cと進む時間が，162－66＝96(分)以内であればよく，CからHまでの道のりが$\frac{2}{3}$×96÷2＝32(km)より短ければよい。

課題2

(1) できるだけ少ない枚数で，長方形を作ると，右図iのようになり，2枚使うとわかる。

正方形は，図iの長方形をしきつめて作ることを考えるとよい。できる正方形の1辺の長さは4cmと3cmの最小公倍数より12cmである。したがって，図iの長方形をたてに12÷4＝3(枚)，横に12÷3＝4(枚)しきつめればよいから，図iの長方形を3×4＝12(枚)使う。よって，使うセロハンの枚数は，12×2＝24(枚)である。

五角形は右図iiのようなしきつめ方が考えられるから3枚，六角形は右図iiiのようなしきつめ方が考えられるから4枚使うとわかる。

(2) AC＝4cm，DC＝3cmだから，AD＝4－3＝1(cm)，AD：DC＝1：3である。

三角形AFDと三角形DFCは，底辺をそれぞれAD，DCとしたときの高さが等しいから，面積の比はAD：DC＝1：3である。したがって，三角形AFDの面積を①，三角形DFCの面積を③とする。図形の対称性より，三角形BFCと三角形DFCは合同だから，三角形BFCの面積も③となり，三角形ABCの面積は，①＋③＋③＝⑦，色付き部分の面積は，③＋③＝⑥と表せる。

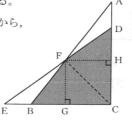

三角形ABCの面積は，3×4÷2＝6(㎠)だから，求める面積は，6×$\frac{⑥}{⑦}$＝$\frac{36}{7}$＝$5\frac{1}{7}$(㎠)である。

(3) 星が2個のときについて，できるだけ星のないマス目を使うことを考える。星がないマス目がもっとも多くくっついている部分は，右図 i の色付き部分である。この部分をできるだけ使うことを考えると，図 i の太線のような展開図が見つかる。星が2個となる展開図は，他にも考えられる。

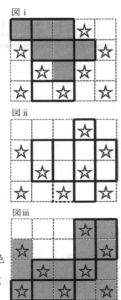

星が4個のときについて，解答例以外にも，以下のように考えて展開図をかくこともできる。【解答のかき方】は星が5個なので，ここから星を1個減らすことを考えると，右図 ii の太線のような展開図が見つかる。星が4個となる展開図は，この図と解答例の図以外にも，考えられる。

星が6個のときについて，直方体は6つの面があり，星の模様がとなり合う2マスにかかれているところはないので，直方体の1つの面に1つの星があるような展開図を考える必要がある。このとき，図 i や図 ii のように，20 cm×10 cm の4つの面をたて，または横にならべると，星のない面ができてしまうので，違う形の展開図を考える。右図 iii の色付き部分の，L字を反転させたような形にあてはまる展開図を考えると，図 iii の太線のような展開図が見つかる。なお，星が6個のときの展開図はこの1通りだけである。

課題3

(1) 太陽と反対の方角に見える月は満月である。満月から約1週間後の太陽がのぼり始めるころには，南の空で左半分が光って見える下弦の月が見えるので，ウが正答となる。

(2) 図2と図3より，食塩とミョウバンは，水温が50℃のときにはとける量がほとんど同じだが，それ以外の温度ではとける量に差があることがわかるので，水温を50℃以外にして，とける量のちがいを調べる方法が考えられる。なお，水温を60℃にして食塩とミョウバンをそれぞれ15gずつとかした後，水温を下げていくと，ミョウバンだけがとけきれなくなって固体が出てくるので，固体が出てこなかった方が食塩だと確認することもできる。

(3) 解答らん①…表1より，4gのクリップが引きつけられるのはかん電池が直列に2個つながったときである。電流の向きが変わっても，電磁石のN極とS極が入れかわるだけだから，解答例のウとエ，オとカをそれぞれ逆につないでもよい。他にも，[1個目，2個目]を[アとイ，イとウ]，[アとエ，オとウ]，[イとウ，カとイ]，[ウとオ，エとカ]のようにつないでもかん電池が直列に2個つながった回路をつくることができる（1個目と2個目が逆になっていてもよい）。他にもいろいろな組み合わせが考えられるが，どのようなつなぎ方をするにしても，2つのかん電池から流れる電流の向きが同じになるようにつなぐことに注意しよう。解答らん②…解答らん①の解説にある[イとウ，カとイ]では，実験2のように導線をつなぎかえることで，どちらのかん電池も電磁石とつながらなくなる。実験1のつなぎ方では4gのクリップが引きつけられること，実験2のつなぎ方ではかん電池が1つも電磁石とつながらなくなることの2点に注意して，つなぎ方を考えよう。

《解答例》

課題1　⑴ほかのこと／ひたすら

　　　　⑵本当にこの知識は正しいのか（。）

　　　　⑶①思考のむだを省き、いちいちゼロから考えなくてもすぐに行動できるようにするため。

　　　　②偏見や思い込みをもたらす習癖

　　　　⑷ひとつの知識だけを単純に信じたりせず、それがいつでも通用する正しい知識かどうか、他の人の見方も確かめながら学んでいくことで、偏見から解放された状態になること。

課題2　（例文）私は水泳が苦手で、おぼれているのとまちがえられるほどだった。しかし、負けずぎらいな私は、歯を食いしばって練習をして、ついに市の大会で入賞できるまでになった。このように「風雪に耐える」経験をしたために、水泳以外の困難にぶつかってもくじけずに、ねばり強くやりぬくことができるようになった。試練や苦しみにくじけず、それを乗りこえる真のねばり強さこそが「土の中に根が張る」ということだと思う。

課題3　⑴国産の入荷量が少ない時期にあわせて，外国産を輸入しており，輸入されたアスパラガスが，国産の不足を補っている。

　　　　⑵①米と野菜の消費量が減少し，肉類と乳製品の消費量が大幅に増加しているから。

　　　　②肉類と乳製品の消費量が増加したにもかかわらず，その２つの自給率が大きく低下したから。

　　　　⑶出荷日を見ることで，新鮮な野菜かどうか判断できるということ。／誰が作った農産物かわかっているので，安心して買うことができるということ。

《解　説》

課題1

⑴　「がむしゃらに」は，一つの目的に向かって，その事だけを考えて行動するさま。この意味を　　　　　に合うように答える。

⑵　　X　の直前で「学んだことを単純に信じたりせず，いい意味で批判的にならなくてはいけない」，直後で「ひとつの知識が，いつ何時でも通用すると思い込んでしまうのは，非常に怖いこと」と述べていることから読み取る。ひとつの知識をうのみにせず，「本当にこの知識は正しいのか？」などと，立ち止まって考えたり疑問を持ったりする姿勢が必要だということ。そのようなあり方について，　X　の次の段落で「『そういうことが成り立つ場合もあるだろうけれど，それはあくまで誰かの個人的な意見かもしれない。僕は他の人の意見も聞きたい』というふうにならなければいけない」と具体的に述べているのも参照。

⑶①　——アの直後の段落で「すべてのことを，ゼロから考えていたのでは間に合わない。あることを経験してうまくいったら，それを頭の中に回路としてつくって，いつもそれを使うようにする。そういう回路を増やしていった」，５段落後で「人間は進化の過程で，いくつかの回路をつくり上げることによって，思考の無駄をなくそうとしました」と述べていることに着目し，回路を増やした（＝ある脳の構造を生み出した）目的をまとめる。

②　――アの5段落後で「人間は進化の過程で，いくつかの回路をつくり上げることによって，思考の無駄をなくそうとしました。しかしそのことで同時に，<u>偏見や思い込みというものを生み出してしまうという</u>習癖も，一緒に身につけてしまった」と述べていることから，下線部をまとめる。

(4)　筆者の言いたいことが主に述べられている，本文最後の3段落に着目する。「学んだことを<u>単純に信じたりせず</u>，いい意味で批判的にならなくてはいけない」「学ぶということは～<u>思い込みや偏見から</u>脱却<u>していくこと</u>～『そういうことが<u>成り立つ場合もあるだろうけれど</u>～<u>他の人の意見も聞きたい</u>』というふうにならなければいけない」「<u>偏見から解放されていくためにも，私たちはもっと学ばなければいけません</u>」などからまとめる。

課題2

「風雪に耐える」とは、世の中の厳しい試練や非常な苦しみにくじけず、それを乗りこえるという意味の慣用句である。「根を張る」とは、草木が根を張ることから、深く広がって、動かしがたいものになるというような意味で用いられる。【条件】にあるように、自分が経験したことを具体的に思い出して、メモを取ってから書くようにしよう。「詩のことばを抜き出して使いながら」書くこと。

課題3

(1)　資料1より，外国産のアスパラガスの入荷量が，国内産が少ない10月～3月の冬場に多いことに着目しよう。アスパラガスは，春先には佐賀県や長崎県，夏場には長野県や北海道などから出荷され，冬場にはメキシコやオーストラリアなどから輸入されるため，1年中出回っている。

(2)　資料2より，1970年と2016年の消費量を比べると，米と野菜は100グラム近く減少しており，肉類と乳製品は100グラム近く増加していることがわかる。1990年代に肉類などの貿易自由化が進んで安い農産物が輸入されるようになったため，消費量が増えても自給率は下がっていった。

(3)　地元産の農産物を地元で消費することを「地産地消」と呼ぶ。地産地消によって，生産者と消費者との距離が近くなり，消費者が安心して農産物を購入できるようになる。また，地元の人々が地元の農家が作った農産品を買えば，その地域のお金は他の地域に流出することなく，地域内で循環する。さらに，輸送距離が少なくなることで，トラックなどから排出される二酸化炭素の量を抑えることができるなどの長所がある。

《解答例》

課題1　(1)62

　　　　(2)(ア)と(エ)を使って考えると，（C）より（A）の距離が長いことが分かります。

　　　　　(ア)と(イ)を使って考えると，（A）より（B）の距離が長いことが分かります。

　　　　　この2つのことから，（A)～(C)の3つの中で最も距離が長いのは（B)であることが分かりました。別解は解説参照

　　　※(3)57

課題2　(1)4年生の参加者…56　4年生男子の参加者…16　※(2)4人班…3　5人班…5

　　　　(3)

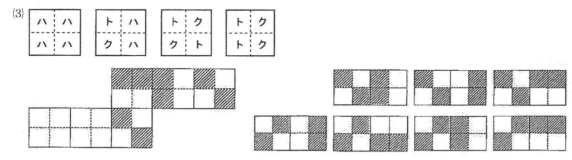

このうち1つ

課題3　(1)ヒトの子どもは子宮の中でへそのおを通して，母親から養分を取り入れている。

　　　　(2)8月18日

　　　　　考えた理由…図3の気象衛星の写真から13時の時点で岡山県は晴れています。

　　　　　　　　　　　図2のグラフから18日は一日の気温の変化が大きく，昼過ぎに高くなり，

　　　　　　　　　　　晴れの日を示しています。

　　　　(3)調べること…液体の種類　操作②…メスシリンダーで食塩水を100mLはかりとり，もう1つの容器に入れる。

　　　　　　　　　　　　　　　　　　　　　　　　　　　　　※の説明は解説を参照してください。

《解　説》

課題1

(1)　1m＝100cmなのでそれぞれの記録は，640cm，618cm，610cm，622cm，630cmである。よって，5回の平均

は，(640＋618＋610＋622＋630)÷5＝624(cm)，1歩の歩はばは，624÷10＝62.4(cm)なので，約62cmである。

(2)　様々な組み合わせが考えられるが，調べた人が同じ(ア)，(エ)や，歩数が同じ(ア)，(イ)が比べやすい。この

他にも，(ア)と(ウ)を使って考えると，（C）より（A）の距離が長く，(イ)と(エ)，(イ)と(ウ)を使って考えると，

（C）より（B）の距離が長いとわかる。

　2つ目の組み合わせは，1つ目の組み合わせで分かった距離の長い方と，まだ比べていない距離を比べるように選

ぶとよい。

(3)　2人とも90歩歩いたとすると，2人が歩いた距離の差は，18×90＝1620(cm)である。実際の2人の歩数の差

は 126－90＝36(歩)なので，1620 cm を香織さんが 36 歩で歩いたことになり，香織さんの歩はばは 1620÷36＝45(cm)とわかる。よって，ろうかの長さは 45×126＝5670(cm)なので，約 57 m である。

課題2

(1)　3年生の参加者は，12×2＝24(人)なので，4年生の参加者は，$24×\dfrac{70}{30}＝56$(人)

全体の参加者の人数は 24＋56＝80(人)なので，男子の人数は 80×0.35＝28(人)である。

よって，4年生男子の人数は，28－12＝16(人)

(2)　4人ずつの班に分けると1人残り，5人ずつの班に分けると2人残るので，あと3人多ければ4人班でも5人班でもちょうど作ることができるので，4と5の公倍数より3人少ない人数とわかる。4と5の最小公倍数は20で，50人より少ないので17人か37人である。参加者が17人だと4人班が3班，5人班が1班の組み合わせしかできず，条件にあわない。参加者が37人だと4人班が3班，5人班が5班か，4人班が8班，5人班が1班となり，4人班が3班，5人班が5班の組み合わせが条件にあう。

参加者の人数の求め方は，以下のような方法もある。

4人ずつの班に分けると1人残るので5，9，13，17，21，25，29，33，37，41，45，49 のどれかで，5人ずつの班に分けると2人残るので7，12，17，22，27，32，37，42，47 のどれかである。両方の条件をみたす参加者は，17人，37人となる。

(3)　板の重ね方と見え方は以下の図のようになる(黒色になる部分は色付きで示した)。

展開図を組み立てたときに向かい合う面で，板の種類が決まっているところは右図太線で囲んだ正方形2つであり，この2つを重ね合わせたとき上図の⑪の見え方と同じになる。右図ⅠのAとC，BとDは向かい合う面となるので，Cの面から見たAの板の見え方とDの面から見たBの板の見え方を右図Ⅱに示した。全ての見え方が異なるようにCとDの板を考えると解答例のようになる。

課題3

(1)　子宮の中のヒトの子どもは呼吸に必要な酸素もへそのおを通してとり入れている。また，二酸化炭素や不要物はへそのおを通して母親(たいばん)へ送っている。

(2)　図3で，白くなっているところに雲があるので，この写真がとられたとき(13 時)，岡山県の上空には雲がなく晴れていることがわかる。晴れの日は1日の気温の変化が大きい。また，太陽がのぼると，太陽の熱で地面が温められ，温められた地面が空気を温めるので，太陽が最も高くなる正午より少しあとに気温が最も高くなる。このように気温が変化しているのは8月18日である。

(3)　1つの容器には水を 100 mL 入れてあるので，調べたいことに対してもう1つの容器はこれと条件を1つだけ変えて結果を比べればよい。解答例の他に，「液体の量」と液体の温まり方の関係について調べるために，操作②で「メスシリンダーで水を 50 mL はかりとり，もう1つの容器に入れる。」ことや，「容器の色」と液体の温まり方の関係について調べるために，操作②で「メスシリンダーで水を 100 mL はかりとり，黒い油性ペンで外側をぬりつぶしたもう1つの容器に入れる。」ことなどが考えられる。

《解答例》

課題1　⑴一長一短／自画自賛

⑵動物と違い，植物は移動することができず，生息する環境を選べないこと。

⑶変えてはいけないもの…周りの人にあいさつをすること。／あいさつをかわすことによって，人と人との心をつなぐことができると思うから。

⑷踏まれても立ち上がるという無駄なことにエネルギーを使うのではなく，雑草にとってもっとも重要な，花を咲かせて種子を残すということに最大限のエネルギーを使う生き方。

課題2　あなたが選んだポスターの絵　記号…イ

（例文）

選んだ絵の特ちょうは、三人が、読書ではなく、調べ学習で図書室を利用している場面がえがかれていることだ。工夫している点は、ひらめきを表すエクスクラメーション・マークがとても大きいので、見る人の印象に残ると思われる点だ。図書室は、本の借用と返きゃく、読書をするために利用する人が多い。しかし、図書室には、たくさんの資料があるので、グループで調べ学習をする場としても大変有効であることを伝えてよびかけたい。

課題3　⑴A．アジア　B．4　C．3

⑵D．時代の古いものから案内すること　答え…どの建物も，それぞれの時代の政治の中心だった人が建築にかかわっていること。

⑶E．気候の特色に合わせた家の建て方　考え…観光客がおみやげを買ったり食事をしたりして地域が活気づくが，道路のじゅうたいや交通機関の混雑もおきる。

《解　説》

課題1

⑴　「一長一短」…長所もあるが、短所もあること。「自画自賛」…自分で自分のことをほめること。一字文字目と三文字目に同じ漢字を用いる四字熟語は他に、「一朝一夕」、「一喜一憂」、「一挙一動」、「自業自得」などがある。

⑵　──アと同じことを言っているのが、1行目の「植物は動物に比べて可塑性（＝変化する力）が大きい」という一文。続けて「それは、どうしてだろうか」と原因を問いかけているので、その後に書かれているのが答えに当たる部分。2段落目の「動物は自由に動くことができる〜」「しかし、植物は、動くことができない。そのため、生息する環境を選ぶことができないのだ」からまとめる。

⑷　「したたか」は、ねばり強くて、他からの圧力に簡単には屈しないさま。多くの人は雑草に「踏まれても踏まれても立ち上がる」というイメージを持っているが、実際の雑草は、踏まれても「立ち上がらない」。それは踏まれて立ち上がるよりも、もっと強い生き方なのである。その生き方について説明されているのが最後の段落の1〜4行目。雑草にとってもっとも重要なことは「花を咲かせて種子を残すこと」で、そのために「踏まれても〜立ち上がるという無駄なことにエネルギーを使うよりも、踏まれながらどうやって種子を残そうかと考え」、「最大限のエネルギーを使って〜確実に種子を残」してきたのである。

課題2

それぞれのポスターの特ちょうをとらえよう。アの絵には、本を読むウサギのまわりに、たくさんの動物たちが集まった様子が描かれている。ウサギが他の動物たちに読み聞かせをしているようでもある。ほのぼのとした優しい雰囲気があり、読書の楽しさが伝わってくる。イの絵は、解答例にあるように、調べ学習をしている様子を描いたように見える。図書館の様々な利用法が考えられる。

課題3

(1) ┃ A ┃は，先生の「数が最近大きく変化している」という言葉をてがかりに，資料1で2014年から2016年にかけてのそれぞれの地域の数の変化を比べると，アジアの訪問者数が最も大きく変化していて，約2倍近く増加していることがわかる。┃ B ┃と┃ C ┃は，先生の「2006年と2016年を比べて」という言葉に注目して資料1を見よう。┃ B ┃について，「アジアからの訪問者数」の「増加」は，2042÷524＝3.8より，小数第1位を四捨五入すると4倍となる。┃ C ┃について，「総数」の「増加」は，2403÷733＝3.2より，小数第1位を四捨五入すると3倍となる。

(2) ┃ D ┃について，資料2の寺院が建てられた時代はそれぞれ，アの金閣が室町時代，イの法隆寺が飛鳥時代，ウの東大寺が奈良時代である。問いの答えについては，それぞれの寺院を建てた人物たちに共通する点を考えよう。アの足利義満は室町幕府の将軍であった。イの聖徳太子は，摂政としておばの推古天皇の政治を補佐した。ウの聖武天皇は，妻の光明皇后とともに仏教の力で国家を守ろうと考えて東大寺に大仏をつくらせた。以上のことから，それぞれの時代の権力者が寺院の建築にかかわっていることを導き出し，まとめよう。

(3) ┃ E ┃は，直後の「工夫」に着目して資料3の家の説明文をそれぞれ読むと，①では「雪が積もりにくくなるように」「屋根への日当たりがよくなるように」家を建て，②では「強い風に備えて」家を建てていることがわかる。これらの共通点として，家の建て方において，それぞれの気候に合わせた工夫がされていることを読み取ろう。観光客が増えることの良い影響と悪い影響については，解答例のほか，「地域の伝統文化や自然環境について関心が高まるが，宿泊施設が不足して，宿泊料金が高くなったり，予約が取りにくくなったりする。」などもよい。

■ ご使用にあたってのお願い・ご注意

（1）問題文等の非掲載

著作権上の都合により，問題文や図表などの一部を掲載できない場合があります。

誠に申し訳ございませんが，ご了承くださいますようお願いいたします。

（2）過去問における時事性

過去問題集は，学習指導要領の改訂や社会状況の変化，新たな発見などにより，現在とは異なる表記や解説になっている場合があります。過去問の特性上，出題当時のままで出版していますので，あらかじめご了承ください。

（3）配点

学校等から配点が公表されている場合は，記載しています。公表されていない場合は，記載していません。

独自の予想配点は，出題者の意図と異なる場合があり，お客様が学習するうえで誤った判断をしてしまう恐れがあるため記載していません。

（4）無断複製等の禁止

購入された個人のお客様が，ご家庭でご自身またはご家族の学習のためにコピーをすることは可能ですが，それ以外の目的でコピー，スキャン，転載（ブログ，ＳＮＳなどでの公開を含みます）などをすることは法律により禁止されています。学校や学習塾などで，児童生徒のためにコピーをして使用することも法律により禁止されています。

ご不明な点や，違法な疑いのある行為を確認された場合は，弊社までご連絡ください。

（5）けがに注意

この問題集は針を外して使用します。針を外すときは，けがをしないように注意してください。また，表紙カバーや問題用紙の端で手指を傷つけないように十分注意してください。

（6）正誤

制作には万全を期しておりますが，万が一誤りなどがございましたら，弊社までご連絡ください。

なお，誤りが判明した場合は，弊社ウェブサイトの「ご購入者様のページ」に掲載しておりますので，そちらもご確認ください。

■ お問い合わせ

解答例，解説，印刷，製本など，問題集発行におけるすべての責任は弊社にあります。

ご不明な点がございましたら，弊社ウェブサイトの「お問い合わせ」フォームよりご連絡ください。迅速に対応いたしますが，営業日の都合で回答に数日を要する場合があります。

ご入力いただいたメールアドレス宛に自動返信メールをお送りしています。自動返信メールが届かない場合は，「よくある質問」の「メールの問い合わせに対し返信がありません。」の項目をご確認ください。

また弊社営業日（平日）は，午前９時から午後５時まで，電話でのお問い合わせも受け付けています。

=2025 春

株式会社教英出版

〒422-8054　静岡県静岡市駿河区南安倍３丁目 12-28

TEL　054-288-2131　　FAX　054-288-2133

URL　https://kyoei-syuppan.net/

MAIL　siteform@kyoei-syuppan.net

教英出版　2025年春受験用　中学入試問題集

学校別問題集

★はカラー問題対応

北　海　道

① [市立]札幌開成中等教育学校
② 藤　女　子　中　学　校
③ 北　嶺　中　学　校
④ 北星学園女子中学校
⑤ 札　幌　大　谷　中　学　校
⑥ 札　幌　光　星　中　学　校
⑦ 立命館慶祥中学校
⑧ 函館ラ・サール中学校

青　森　県

① [県立]三本木高等学校附属中学校

岩　手　県

① [県立]一関第一高等学校附属中学校

宮　城　県

① [県立]宮城県古川黎明中学校
② [県立]宮城県仙台二華中学校
③ [市立]仙台青陵中等教育学校
④ 東　北　学　院　中　学　校
⑤ 仙台白百合学園中学校
⑥ 聖ウルスラ学院英智中学校
⑦ 宮　城　学　院　中　学　校
⑧ 秀　光　中　学　校
⑨ 古　川　学　園　中　学　校

秋　田　県

① [県立]　大館国際情報学院中学校
　　　　　秋田南高等学校中等部
　　　　　横手清陵学院中学校

山　形　県

① [県立]　東桜学館中学校
　　　　　致道館中学校

福　島　県

① [県立]　会津学鳳中学校
　　　　　ふたば未来学園中学校

茨　城　県

① [県立]　日立第一高等学校附属中学校
　　　　　太田第一高等学校附属中学校
　　　　　水戸第一高等学校附属中学校
　　　　　鉾田第一高等学校附属中学校
　　　　　鹿島高等学校附属中学校
　　　　　土浦第一高等学校附属中学校
　　　　　竜ヶ崎第一高等学校附属中学校
　　　　　下館第一高等学校附属中学校
　　　　　下妻第一高等学校附属中学校
　　　　　水海道第一高等学校附属中学校
　　　　　勝田中等教育学校
　　　　　並木中等教育学校
　　　　　古河中等教育学校

栃　木　県

① [県立]　宇都宮東高等学校附属中学校
　　　　　佐野高等学校附属中学校
　　　　　矢板東高等学校附属中学校

群　馬　県

① 　[県立]中央中等教育学校
　　[市立]四ツ葉学園中等教育学校
　　[市立]太　田　中　学　校

埼　玉　県

① [県立]伊　奈　学　園　中　学　校
② [市立]浦　和　中　学　校
③ [市立]大宮国際中等教育学校
④ [市立]川口市立高等学校附属中学校

千　葉　県

① [県立]　千　葉　中　学　校
　　　　　東　葛　飾　中　学　校
② [市立]稲毛国際中等教育学校

東　京　都

① [国立]筑波大学附属駒場中学校
② [都立]白鷗高等学校附属中学校
③ [都立]桜修館中等教育学校
④ [都立]小石川中等教育学校
⑤ [都立]両国高等学校附属中学校
⑥ [都立]立川国際中等教育学校
⑦ [都立]武蔵高等学校附属中学校
⑧ [都立]大泉高等学校附属中学校
⑨ [都立]富士高等学校附属中学校
⑩ [都立]三鷹中等教育学校
⑪ [都立]南多摩中等教育学校
⑫ [区立]九段中等教育学校
⑬ 開　成　中　学　校
⑭ 麻　布　中　学　校
⑮ 桜　蔭　中　学　校
⑯ 女　子　学　院　中　学　校
★⑰ 豊島岡女子学園中学校
⑱ 東京都市大学等々力中学校
⑲ 世田谷学園中学校
★⑳ 広尾学園中学校（第2回）
★㉑ 広尾学園中学校（医進・サイエンス回）
㉒ 渋谷教育学園渋谷中学校（第1回）
㉓ 渋谷教育学園渋谷中学校（第2回）
㉔ 東京農業大学第一高等学校中等部
　　（2月1日 午後）
㉕ 東京農業大学第一高等学校中等部
　　（2月2日 午後）

④[府立]富田林中学校
⑤[府立]咲くやこの花中学校
⑥[府立]水都国際中学校
⑦清　風　中　学　校
⑧高槻中学校（Ａ日程）
⑨高槻中学校（Ｂ日程）
⑩明　星　中　学　校
⑪大阪女学院中学校
⑫大　谷　中　学　校
⑬四天王寺中学校
⑭帝塚山学院中学校
⑮大阪国際中学校
⑯大阪桐蔭中学校
⑰開　明　中　学　校
⑱関西大学第一中学校
⑲近畿大学附属中学校
⑳金蘭千里中学校
㉑金光八尾中学校
㉒清風南海中学校
㉓帝塚山学院泉ヶ丘中学校
㉔同志社香里中学校
㉕初芝立命館中学校
㉖関西大学中等部
㉗大阪星光学院中学校

兵　庫　県
①[国立]神戸大学附属中等教育学校
②[県立]兵庫県立大学附属中学校
③雲雀丘学園中学校
④関西学院中学部
⑤神戸女学院中学部
⑥甲陽学院中学校
⑦甲　南　中　学　校
⑧甲南女子中学校
⑨灘　　中　　学　　校
⑩親　和　中　学　校
⑪神戸海星女子学院中学校
⑫滝　川　中　学　校
⑬啓明学院中学校
⑭三　田　学　園　中　学　校
⑮淳心学院中学校
⑯仁　川　学　院　中　学　校
⑰六　甲　学　院　中　学　校
⑱須磨学園中学校（第1回入試）
⑲須磨学園中学校（第2回入試）
⑳須磨学園中学校（第3回入試）
㉑白　陵　中　学　校

㉒夙　川　中　学　校

奈　良　県
①[国立]奈良女子大学附属中等教育学校
②[国立]奈良教育大学附属中学校
③[県立] {国際中学校 / 青翔中学校}
④[市立]一条高等学校附属中学校
⑤帝　塚　山　中　学　校
⑥東大寺学園中学校
⑦奈良学園中学校
⑧西大和学園中学校

和　歌　山　県
①[県立] {古佐田丘中学校 / 向陽中学校 / 桐蔭中学校 / 日高高等学校附属中学校 / 田辺中学校}
②智辯学園和歌山中学校
③近畿大学附属和歌山中学校
④開　智　中　学　校

岡　山　県
①[県立]岡山操山中学校
②[県立]倉敷天城中学校
③[県立]岡山大安寺中等教育学校
④[県立]津　山　中　学　校
⑤岡　山　中　学　校
⑥清　心　中　学　校
⑦岡山白陵中学校
⑧金光学園中学校
⑨就　実　中　学　校
⑩岡山理科大学附属中学校
⑪山陽学園中学校

広　島　県
①[国立]広島大学附属中学校
②[国立]広島大学附属福山中学校
③[県立]広　島　中　学　校
④[県立]三　次　中　学　校
⑤[県立]広島叡智学園中学校
⑥[市立]広島中等教育学校
⑦[市立]福　山　中　学　校
⑧広島学院中学校
⑨広島女学院中学校
⑩修　道　中　学　校

⑪崇　徳　中　学　校
⑫比治山女子中学校
⑬福山暁の星女子中学校
⑭安田女子中学校
⑮広島なぎさ中学校
⑯広島城北中学校
⑰近畿大学附属広島中学校福山校
⑱盈　進　中　学　校
⑲如　水　館　中　学　校
⑳ノートルダム清心中学校
㉑銀河学院中学校
㉒近畿大学附属広島中学校東広島校
㉓ＡＩＣＪ中学校
㉔広島国際学院中学校
㉕広島修道大学ひろしま協創中学校

山　口　県
①[県立] {下関中等教育学校 / 高森みどり中学校}
②野田学園中学校

徳　島　県
①[県立] {富岡東中学校 / 川島中学校 / 城ノ内中等教育学校}
②徳島文理中学校

香　川　県
①大手前丸亀中学校
②香川誠陵中学校

愛　媛　県
①[県立] {今治東中等教育学校 / 松山西中等教育学校}
②愛　光　中　学　校
③済美平成中等教育学校
④新田青雲中等教育学校

高　知　県
①[県立] {安芸中学校 / 高知国際中学校 / 中村中学校}

※もっと過去問シリーズは
国語の収録はありません。

K 教英出版

〒422-8054
静岡県静岡市駿河区南安倍3丁目12-28
TEL 054-288-2131
FAX 054-288-2133

詳しくは教英出版で検索

教英出版　検索
URL https://kyoei-syuppan.net/

受検
番号

課題3　太郎さんと花子さんは，多くの人が外国から日本を訪れていることについて，先生を交えて話し合いました。あとの会話文を読んで（1）～（3）に答えましょう。

先生：資料1をみると，日本を訪れる外国人の数が最近大きく変化しているのがわかりますね。2006年と2016年を比べてみましょう。

太郎：　A　　からの訪問者数が約　B　倍に増加していますね。

花子：そうですね。そのことが，総数が約　C　倍に増加した大きな原因となっていると思います。

資料1　日本への外国人訪問者数の移り変わり

					（万人）
年	アジア	ヨーロッパ	北アメリカ	その他	総数
2006	524	79	100	30	733
2008	615	88	96	36	835
2010	652	85	90	34	861
2012	638	77	87	33	835
2014	1081	104	111	45	1341
2016	2042	142	157	62	2403

（日本政府観光局の資料から作成）

（1）　太郎さんと花子さんの会話文の　A　，　B　，　C　に入る言葉や数字をそれぞれ書きましょう。数字は四捨五入し，整数で答えましょう。

※

A		B	

※

C	

資料2　案内したい場所

ア　金閣（京都府）
足利義満によって建てられた。

イ　法隆寺（奈良県）
聖徳太子によって建てられた。

ウ　東大寺（奈良県）
聖武天皇によって建てられた。

先生：日本を訪れる外国人を，資料2のア・イ・ウに案内するとしたらどのような順で案内したいと思いますか。

太郎：そうですね。イ→ウ→アの順にすれば　D　になります。

花子：ところで，これらの日本を代表する建物には共通することがたくさんありそうです。

先生：それらの中で建てた人物に注目すると，共通することは何でしょうか。

（2）　太郎さんの会話文の　D　にあてはまる内容を考えて書きましょう。また，――― の問いにどのように答えますか。会話文をもとにあなたの考えた答えを書きましょう。

※

D	

※

答え	

資料3　日本の伝統的な家の例

① 岐阜県白川村の伝統的な合掌造りとよばれる家は，雪が積もりにくくなるように屋根のかたむきを急にしたり，屋根への日当たりがよくなるように家の向きを調節したりしています。

② 伝統的な沖縄県の家は，石がきで家の周りを囲んだり，ねん土などを混ぜたしっくいで屋根のかわらを固めたりして，強い風に備えています。

先生：日本を訪れる外国人には，日本の伝統的な家も人気です。

太郎：資料3を見ると①・②のように地域によって特色がありますね。

花子：それぞれの地域で　E　を工夫しているということが分かりますね。

先生：資料3の①をふくむ「白川郷・五箇山の合掌造り集落」は，1995年に世界遺産に登録され，観光客がとても増えました。

太郎：ところで，観光客が増えた地域ではどのような影響があるのでしょうか。

先生：では，具体的にどのような影響があるのか考えてみましょう。

（3）　花子さんの会話文の　E　にあてはまる内容を考えて書きましょう。また，観光に訪れる人が増えることで，その地域に具体的にどのような良い影響と悪い影響があると思いますか。あなたの考えを書きましょう。

※

E	

※

考え	

受検
番号

(3) ──イ「変えてはいけないもの」とありますが、人と人とがかかわりながら生活する中で、「変えてはいけない」とあなたが考えるものは何ですか。一つ書きましょう。また、そう考える理由を四十字以内で書きましょう。（、や。や「」なども一字に数えます。）

変えてはいけないもの

40字

(4) ──ウ「雑草の生き方はずっとしたたかなのである」とありますが、「したたかな雑草の生き方」をこの文章ではどのように説明していますか。「～生き方。」で終わるように、八十字以内で書きましょう。（、や。や「」なども一字に数えます。）

80字

課題2　あなたが通う学校の図書委員会が図書室の利用をよびかけるポスターの絵を二つ考えました。どちらかを校内にはるとすると、あなたならア・イどちらの絵を選びますか。記号を書き、選んだ方の絵の特ちょうやエ夫している点を具体的にあげながら、どのようなことを伝えて利用をよびかけたいかをまとめ、二百字以内で書きましょう。（、や。や「」なども一字に数えます。段落分けはしなくてよろしい。一マス目から書き始めましょう。）

記号

ア

図書委員会

イ

図書委員会

あなたが選んだポスターの絵

2※

※

200字　　　　　100字

受検番号

1※　　2※　　3※

※　※70点満点（配点非公表）

課題1　次の文章を読んで、あとの(1)から(4)に答えましょう。

植物は動物に比べて可塑性が大きい。それは、どうしてだろうか。

動物は自由に動くことができるので、エサやねぐらを求めて移動することができる。その環境が生存や生育に適さないとしても文句を言うこともできないし、逃げることもできない。

植物の中でも雑草は可塑性が大きく、自由自在に変化することができる。この「変化する力」にとって、もっとも重要なことは何だろうか。

それは「変化しないことである」と私は思う。

植物にとって重要なことは、花を咲かせて種子を残すことにある。ここはぶれることはない。種子を生産するという目的は明確だから、目的までの行き方は自由に選ぶことができる。だからこそ雑草は、サイズを変化させたり、ライフサイクルを変化させたり、伸び方も変化させることができるのである。

つまり、生きていく上で「変えてよいもの」と「変えてはいけないもの」がある。

環境は変化していくのであれば、雑草はまた変化し続けなければならない。しかし、変化しなければならないとすれば、それだけ「変化しないもの」が大切になるのである。

踏まれても踏まれても立ち上がる。

これが、多くの人が雑草に対して抱く一般的なイメージだろう。人々は、踏まれても負けずに立ち上がる雑草の生き方に、自らの人生を重ね合わせて、勇気付けられる。

しかし、実際には違う。雑草は踏まれたら立ち上がらない。確かに一度や二度、踏まれたくらいなら、雑草は立ち上がってくるが、何度も踏まれれば、やがて立ち上がらなくなるのである。

雑草魂というには、あまりにも情けないと思うかも知れないが、そうではない。

そもそも、どうして立ち上がらなければならないのだろうか。

雑草にとって、もっとも重要なことは何だろうか。それは、花を咲かせて種子を残すことにある。そうであるとすれば、踏まれても踏まれても立ち上がるという無駄なことにエネルギーを使うよりも、踏まれながらもどうやって花を咲かせ、種子を残すかと考える方が、ずっと合理的である。だから、雑草は踏まれながらも、最大限のエネルギーを使って、花を咲かせ、確実に種子を残すのである。まさに「変えてはいけないもの」がわかっているのだろう。努力の方向を間違えることはないのだ。

雑草の生き方はずっとしたたかなのである。

踏まれても踏まれても立ち上がるという根性論よりも、

（稲垣栄洋著
『植物はなぜ動かないのか
弱くて強い植物のはなし』
ちくまプリマー新書　から）

*1　可塑性・・・ここでは「変化する力」のことをさす。
*2　ねぐら・・・ねる所。
*3　ぶれる・・・考えなどがゆれ動く。

植物は動物に比べて可塑性が大きいので、エサやねぐらを求めて移動することができない。そのため、生息する環境を選ぶことができない。その環境を受け入れるしかないのだ。

そして、環境が変えられないとすれば、どうすれば良いのだろうか。環境が変えられないのであれば、環境に合わせて、自分自身が変化するしかない。だから、ア植物は動物に比べて「変化する力」が大きいのである。

自分自身の中でも雑草は可塑性が大きく、自由自在に変化することができる。

つまり、生きていく上で「変えてよいもの」とイ「変えてはいけないもの」がある。

しかし、変化しなければ、雑草の生き方はウ……。

---

(1) 本文の中には、──「自分自身」や「自由自在」という漢字四字の熟語が使われています。このように一文字目と三文字目に同じ漢字を用いる四字の熟語には、ほかにどのようなものがあるか、二つ書きましょう。（一文字目と三文字目は「自」でも、それ以外でもよろしい。）

(2) ──ア「植物は動物に比べて『変化する力』が大きい」とありますが、その原因はどのようなことだと筆者は述べていますか。「植物」と「動物」の二語を使い、「〜こと。」で終わるように、三十五字以内で書きましょう。（、や。や「」なども一字に数えます。）

35字

平成三十年度

岡山県立岡山操山中学校　適性検査Ⅱ

【注意】

・　この検査は、文章や資料を読んで、太字で書かれた課題に対して、答えやあなたの考えなどを書く検査です。課題ごとに、それぞれ指定された場所に書きましょう。

・　検査用紙は、表紙（この用紙）をのぞいて三枚あります。指示があるまで、下の検査用紙を見てはいけません。

・　「始め」の合図があってから、検査用紙の枚数を確かめ、三枚とも指定された場所に受検番号を記入しましょう。

・　検査用紙の枚数が足りなかったり、やぶれていたり、印刷のわるいところがあったりした場合は、手をあげて先生に知らせましょう。

・　検査用紙の　※　には、何もかいてはいけません。

・　この検査の時間は、四十五分間です。

・　表紙（この用紙）と検査用紙は、持ち帰ってはいけません。

受検
番号

3※

課題3　太郎さんと花子さんは，夏休みの出来事を思い出しながら，次のような会話をしました。あとの（1）〜
（3）に答えましょう。

花子：夏休みに親せきのお姉さんが赤ちゃんをつれてたずねてきたよ。
太郎：その少し前に，新しい命のたん生について習ったね。

※

（1）　図1はたまごの中でメダカが成長していく中のある時期と，子
宮の中でヒトの子どもが成長していく中のある時期を比べたもの
です。この図を参考にして，ヒトの子どもが子宮の中で養分をど
のようにとり入れているのかを説明しましょう。

図1　メダカとヒトの成長の一時期

太郎：親せきのお姉さんが来たころの天気や
気温を調べてみたよ。
花子：1日の気温の変化と天気の変化には，
関係があるよね。
太郎：気温の変化をグラフにしてみたよ。グ
ラフを見ると，変化のようすのちがい
が分かりやすいね。
花子：気象衛星からとった雲の写真と比べて
考えるのもおもしろいよ。

図2　1時間ごとの気温の変化
気象庁のデータにより作成

図3　西日本の雲の写真
日本気象協会Webより作成

（2）　図2は8月17日・18日・19日の岡山県のある地点での気温の変化を表しています。図3は，この3日の
うち，いずれかの日の13時に気象衛星からとった写真です。気象衛星の写真が8月何日の写真であるかを答
えましょう。また，そう考えた理由も説明しましょう。

※

8月　　日	考えた理由

太郎：夏休みは暑かったね。
花子：そういえば，太陽の光を集めてものを温めるソーラークッカーを学校で習ったね。
太郎：じゃあ，ソーラークッカーを手作りして，液体の温まり方を調べてみよう。

※

（3）　太郎さんは，図4のソーラークッカーを使って「何が液体の温まり方に影響
するか」を調べることにしました。まず，水を100mL入れた容器を1つ用意し
ました。それと同じ種類の別の容器を用意し，表の中の道具やものを選んで使
い，あなたなら何について調べますか。調べることを1つあげて，（　　）の
中に書きましょう。また，実験の仕方を操作②の[　　]に具体的に書きましょ
う。ただし，ソーラークッカーは，並べた2つの容器に，同じ強さの光を同時
にあてることができるとします。

図4　太郎さんの実験そうち

調べること：（　　　　　　　　　　　　）が液体の温まり方に影響するかどうか。

操作①　1つの容器に水を100mL入れる。

操作②

操作③　温める前に，2つの容器の中の液体の温度を温度計ではかり，記録する。
操作④　同じ強さの光を同時にあてることができるように，ソーラークッカーに2つの容器を
　　　　並べて置く。
操作⑤　表の温度のはかり方で温度をはかり，記録する。

表

＜道具，もの＞
水，食塩水，アルミニウム
はく，黒い油性ペン，メス
シリンダー

＜温度のはかり方＞
　温度計をさしたコルク
せんを容器につける。その
容器をソーラークッカー
に置いて10分後，2つの
容器の中の液体の温度を
温度計ではかる。

2※

課題2　6年生の太郎さんと花子さんは，公民館が実施する3，4年生対象の子ども教室のボランティアスタッフとして参加しています。あとの（1）～（3）に答えましょう。

太郎：参加者が多いね。
花子：今年は4年生が増えたからかな。

| 3年生 | 4年生 |
| 30% | 70% |

※

（1）　3年生の参加者は男女とも12人ずつです。図1を参考にして4年生の参加者の人数を答えましょう。また，4年生男子の参加者の人数を答えましょう。

| 男子 | 女子 |
| 35% | 65% |

| 4年生の参加者 | 4年生男子の参加者 |
| 人， | 人 |

図1　参加者全体に対する割合

太郎：今回は英会話教室と工作教室の二つがあるね。
花子：工作教室では，教えやすいように1つの班が4人か5人になるようにしたいね。

※

（2）　工作教室に参加する人を4人ずつの班に分けると1人残り，5人ずつの班に分けると2人残りました。残りの人がでないように，全員を4人班と5人班に分けると，5人班の方が班の数が多くなりました。このとき，4人班と5人班は何班ずつか答えましょう。また，どのようにして求めたかも説明しましょう。ただし，工作教室に参加する人は50人より少ないこととします。

説明

　　　　　　　　　　　　　　　　　　　　　　　　　　4人班　　　班，5人班　　　班

太郎：工作教室では，見る方向によってちがう模様が見える立方体を作るよ。
花子：セロハンをはった透明な板で作るんだね。とてもきれいだろうね。
太郎：模様の見え方を確認して，立方体の展開図を作ってみようよ。

※

（3）　図2の，透明な板の一部に灰色のセロハンをはった2種類の板を3枚ずつ用意し，これらの板の中から2枚を選んで重ねます。たとえば，図3のように2枚の板をぴったり重ねたとき，灰色の部分が2枚重なると黒色に見え，透明な部分は2枚重ねても透明のままです。

　　2枚の板を重ねたとき，模様の見え方を図3以外に4通り考え，【解答の書き方】のようにト，ハ，クの記号を使って解答らんに書きましょう。ただし，上下左右を入れかえたものや回転したものは同じ答えとします。

図2　　　　　　図3

【解答の書き方】
| ト | ハ |
| ハ | ク |

ト…透明
ハ…灰色
ク…黒色

〈見え方の解答らん〉

次に，図2に示した2種類の板を3枚ずつ使って立方体を作ります。その立方体を，図4のように真正面，真横，真上の3方向から見たとき，それぞれがちがう模様に見えるように，解答らんに斜線をかきたして，展開図のセロハンがはられているところを答えましょう。ただし，3方向からの見え方は向かい合う2枚の板を重ねたときと同じとします。

図4

〈展開図の解答らん〉

課題1　太郎さんたちは距離をはかる方法について話をしています。あとの（1）～（3）に答えましょう。

太郎：自分の1歩の長さである歩はばを使って，およその距離をはかる方法について授業で学んだよね。
花子：歩はばはいつも同じではないから，何回か歩いてその平均を求めるといいね。

表1　太郎さんの記録

	1回目	2回目	3回目	4回目	5回目
10歩歩いた距離	6m40cm	6m18cm	6m10cm	6m22cm	6m30cm

※

（1）　上の表1は，太郎さんが10歩歩いた距離を5回はかった記録です。5回の記録の平均を求めて，太郎さんの1歩の長さである歩はばを答えましょう。ただし，答えの単位はcmとし，上から2けたのがい数にしましょう。

　　　　約　　　　　　cm

桃子：私の歩はばは太郎さんより短くて，花子さんより長かったよ。

花子：それぞれの歩はばを使って，鉄棒からいろいろな場所までの距離をはかってみようよ。

表2　花子さん，桃子さん，太郎さんの歩数の記録

	（A）鉄棒からブランコまで	（B）鉄棒からすべり台まで	（C）鉄棒からシーソーまで
花子さんが調べた歩数			（ウ）　26歩
桃子さんが調べた歩数	（ア）　30歩		（エ）　22歩
太郎さんが調べた歩数		（イ）　30歩	

※

（2）　上の表2は，花子さん，桃子さん，太郎さんが，鉄棒からいろいろな場所までの歩数を記録している途中の表です。3人の歩はばを比べてみると，花子さんの歩はばより桃子さんの歩はばが長く，桃子さんの歩はばより太郎さんの歩はばが長いことが分かりました。太郎さんは，3人の歩はばと表2にある歩数の記録から（A）～（C）の中で最も距離が長いのはどれかについて，次のように説明しました。太郎さんの説明の┈┈┈┈の中に（ア）～（エ），☐の中に（A）～（C）の記号を書いて，正しい説明となるように答えましょう。

[太郎さんの説明]

距離は（歩はば）×（歩数）で求めることができます。3人の歩はばと表2にある歩数の記録から，

┈┈┈┈と┈┈┈┈を使って考えると，☐☐☐☐より☐☐☐☐の距離が長いことが分かります。

このほかにも，

┈┈┈┈と┈┈┈┈を使って考えると，☐☐☐☐より☐☐☐☐の距離が長いことが分かります。

この2つのことから，（A）～（C）の3つの中で最も距離が長いのは☐☐☐☐であることが分かりました。

晴男：今度は別のところを歩いて距離をはかってみようよ。
香織：それぞれの歩はばを使って，学校のろうかの長さをはかってみよう。

※

（3）　晴男さんと香織さんは同じろうかを歩いてその長さを調べることにしました。2人が歩いてみると，晴男さんの歩数は90歩，香織さんの歩数は126歩でした。2人の歩はばの差を調べてみると，晴男さんの方が香織さんより18cm長いことが分かりました。このとき，このろうかの長さを答えましょう。また，どのようにして求めたかも説明しましょう。ただし，答えの単位はmとし，上から2けたのがい数にしましょう。

説明

　　　　　　　　　　　　　　　　　　　　　　　ろうかの長さは約　　　　　　m

平成３０年度

岡山県立岡山操山中学校　　適性検査Ⅰ

【注意】

・　この検査は，文章を読んで，太字で書かれた課題に対して，答えやあなたの考えなどをかく検査です。課題ごとに，それぞれ指定された場所にかきましょう。

・　検査用紙は，表紙(この用紙)をのぞいて，３枚あります。指示があるまで，下の検査用紙を見てはいけません。

・　「始め」の合図があってから，検査用紙の枚数を確かめ，３枚とも指定された場所に受検番号を記入しましょう。

・　検査用紙の枚数が足りなかったり，やぶれていたり，印刷のわるいところがあったりした場合は，手をあげて先生に知らせましょう。

・　検査用紙の ※［　　　　　］には，何もかいてはいけません。

・　この検査の時間は，４５分間です。

・　表紙(この用紙)と検査用紙は，持ち帰ってはいけません。

・　表紙(この用紙)の裏を，計算用紙として使用してもよろしい。

課題3　太郎さんと花子さんは，日本の農業や日本人の食生活について調べたり話し合ったりしています。あとの会話文を読んで，（1）～（3）に答えましょう。

（1）　国産と外国産のアスパラガスの価格には，どのような関係がありますか。資料1から考えられることを書きましょう。

花子：私は，国産とアスパラガスのアスパラガスです。資料1をみると，どんなことがわかりますか。

先生：資料1は，国産と外国産のアスパラガスの東京都中央卸売市場への月別の入荷量を表したグラフです。

花子：外国産のアスパラガスが多く輸入されていますね。

資料1　国産と外国産のアスパラガスの東京都中央卸売市場の入荷量

（東京都中央卸売市場の資料から作成）

（2）　会話文中の①　について，花子さんがなぜそのように考えたのか，資料2からわかることを書きましょう。また，②　に，資料3の図の中から具体的な資料を2つあげて，あなたの考えとその番号を書きましょう。

花子：私は，日本人の食生活に関心をもち，資料2を作りました。

先生：①この資料2は，日本人の食生活が大きく変化したことをしめしています。

太郎：私は，日本の食料自給率に関心をもち，資料3を作りました。

先生：②日本全体の食料自給率が60%から38%に低下していることがわかりますね。

資料2　日本人1人1日あたりの食料供給量の移り変わり

（農林水産省「食料需給表」から作成）

資料3　日本の食料自給率の移り変わり

食料	1970年	2016年
米	106%	97%
小麦	9%	12%
野菜	99%	80%
果物	84%	53%
肉類	89%	62%
乳製品	60%	38%
全体		

（農林水産省「食料需給表」から作成）

（3）　花子さんがメニューの値には，演奏表にどのような利点があります

太郎：私は，兄の畑の野菜を採ります。資料4は，その買った畑で栽培されたいろいろな種類の野菜を表にしたものです。

先生：演奏表のような形になっていてスーパーなどで掲示されにくいものです。

花子：私もスーパーを利用します。掲示期間中は演奏を使用していない野菜などがあります。

先生：食べてもより安全でおいしいということがわかるからですね。

資料4　畑の野菜のカードの表示から

出荷者　岡山一郎
出荷日　8月13日
商品名：なす

〇〇〇町
〇〇〇円

演奏：栽培期間中水使用

《朝どり新鮮！》

受検番号 □

(3) ——ア「同時にある脳の構造を生み出したといわれています」とありますが、このことについて、次の①、②の問いに答えましょう。

① 「ある脳の構造」はどのような目的から生み出されることになったと筆者は述べていますか。「～ため。」で終わるように四十字以内で書きましょう。（、や。なども一字に数えます。）

※ ［40字］

② 「ある脳の構造」は人間にどのような欠点をもたらしたと筆者は述べていますか。その欠点を十五字以内の言葉で書きましょう。（答えの終わりに。をつける必要はありません。）

※ ［15字］

(4) ——イ「人間が本当に賢くなったら」とありますが、「人間が本当に賢くなる」とは、わたしたちがどのように学ぶことで、どうなることだと筆者は考えていますか。八十字以内で書きましょう。（、や。なども一字に数えます。）

※ ［80字］

課題2　相田みつをを、人の生き方について語った多くの作品を残した詩人です。左の相田みつをの詩と同じようなあなたの経験を、【条件】にしたがって二百字以内で書きましょう。（、や。や「」なども一字に数えます。段落分けはしなくてよろしい。一マス目から書き始めましょう。）

風雪に耐えただけ
土の中に根が張るんだな
　　　　　　みつを

出典：相田みつをを『雨の日には雨の中を風の日には風の中を』〈文化出版局〉

【条件】
① 「」を使って詩のことばを抜き出して使いながら、あなたの経験を書きましょう。※「耐える」のように、語尾を変えて抜き出してもよろしい。
② あなたの経験を通して、考えたり感じたりしたことをふくめて書きましょう。

※ ［200字／100字］

1※	2※	3※		※　※70点満点（配点非公表）	受検番号

課題1　次の文章を読んで、あとの(1)～(4)に答えましょう。

「より自由になるために学ぶ」と言いましたが、「自由になる」という意味をもう少し考えてみましょう。

人間は、「*1偏見や思い込み」といったものから解放されると、より自由になれます。

*2類人猿からヒトになっていく*3プロセスの中で、いろいろな哺乳類がいたわけですが、*4ホモ属だけが飛躍的に進化しました。なぜかというと、ホモ属には類まれな学習能力があったからです。

ホモ属は進化の過程で「工夫する力」を身につけてきたからです。そういう回路を増やしていったのです。たとえば、「この天気なら、海で必ずこういう獲物が捕れる」というように、ア<u>同時にある脳の構造を生み出したといわれています。</u>

すべてのことを、ゼロから考えていたのでは間に合わない。あることを経験して、うまくいったら、それを頭の中に*5回路としてつくって、いつもそれを使うようにする。そういう回路を信じて行動するようになります。

しかし、これはあくまで、特定の地域でしか通用しないものですね。その回路を覚えた人が、まったく別の場所に行って同じことをやっても、なかなかうまくいきません。

二、三回うまくいくと、その回路を信じて行動するようになると、あるひとつの知識だけでは通用しなくなります。しかし、人間にはそれらしい知識を身につけると、それを信じて、その知識をいつも使おうとする、そういう癖があります。

すると、「お前が、ちゃんとやらなかったからだ」などと言って、一緒にいる仲間のせいにしたりします。自分の知識を疑おうとせず、誰かに責任を*6転嫁して敵視するようになり、時にこれが戦の原因にもなります。

行動範囲が広がり、環境の変化が激しくなると、

人間は進化の過程で、いくつかの回路をつくり上げることによって、思考の無駄をなくそうとしました。しかしそのことで同時に、偏見や思い込みというものを生み出してしまうという*7習癖も、一緒に身につけてしまったわけです。

人間が学ぶうえでは、どうしても偏見や思い込みが*8介在しがちです。最初に得た知識は、いつ何時でも通用すると思い込みやすいのです。

その知識が、特定の場所でしか通用しない、あるいは非常に個人的な説に過ぎない、ということを理解することでより自由になれるのですが、そこがなかなかうまくできない。

偏見が*9群集心理になったとき、「あいつは許せない」ということになって戦争を容認する心理が生まれます。イ<u>人間が本当に賢くなった</u>

ですから、僕はただ、がむしゃらに知識を詰め込みなさいと言っているわけではないのです。学んだことを単純に信じたりせず、いつ何時でも通用すると思い込んでしまうのは、非常に怖いことです。

らい、戦争、つまり殺し合い、破壊し合いなんておこらないでしょう。

「　X　」と思うバランス感覚が絶対に必要です。ひとつの知識が、いつ何時でも通用すると思い込むと、そういった思い込みや偏見から脱却していくことなのです。ひとつのことを知っておしまい、ではいけないということです。「そういうことが成り立つ場合もあるだろうけれど、それはあくまで誰かの個人的な意見かもしれない。僕は他の人の意見も聞きたい」というふうにならなくてはいけないのです。

偏見から解放されていくためにも、私たちはもっと学ばなければいけません。これは、自由になるための大事な条件です。

（汐見稔幸『人生を豊かにする学び方』ちくまプリマー新書から）

*1　偏見…かたよった考え方や見方。
*2　類人猿…サルの仲間のうちで最も進化したもので、人間に近いもの。
*3　プロセス…ものごとが進んできた順序。過程。
*4　ホモ属…動物学上の分類で、人類が属する仲間の名まえ。
*5　回路…ひとまわりの流れを持った道すじ。
*6　転嫁…自分の責任や罪などを他人のせいにしておしつけること。
*7　癖…直したほうがよいと思われるくせ。習癖。
*8　介在…ものとものとの間にさまって存在すること。
*9　群集心理…群集の一員になったときに生じる冷静さを欠いた心理。
*10　脱却…ぬけでること。のがれでること。

(1)　──「がむしゃらに」という言葉は、どのような様子をあらわしていますか。その説明として次の[　]に適当な言葉を書きましょう。

[　]を考えず、[　]ものごとを行う様子。

(2)　[X]の中には、どのような文を書き入れるのがよいですか。本文の中で、[X]の前と後に書かれていることから判断して、適当だと思われる一文を考えて書きましょう。

平成三十一年度

岡山県立岡山操山中学校　適性検査II

【注意】

・　この検査は、文章や資料を読んで、太字で書かれた課題に対して、答えやあなたの考えなどを書く検査です。

・　課題ごとに、それぞれ指定された場所に書きましょう。

・　検査用紙は、表紙（この用紙）をのぞいて三枚あります。指示があるまで、下の検査用紙を見てはいけません。

・　「始め」の合図があってから、検査用紙の枚数を確かめ、三枚とも指定された場所に受検番号を記入しましょう。

・　検査用紙の枚数が足りなかったり、やぶれていたり、印刷のわるいところがあったりした場合は、手をあげて先生に知らせましょう。

・　検査用紙の　※　　には、何もかいてはいけません。

・　この検査の時間は、四十五分間です。

・　表紙（この用紙）と検査用紙は、持ち帰ってはいけません。

受検
番号

3※

課題3　太郎さんと花子さんは，学校の理科室で話をしています。あとの（1）～（3）に答えましょう。

太郎：先週早起きをしたときは，日の出の前で空が少し明るくなっていたよ。
花子：そのときには，反対の方角の空に月が見えていたでしょう。

※

（1）　日の出前，東の空に太陽がのぼり始めるころ，太陽とは反
対の方角に月が見えていました。この約1週間後の同じ時
刻に同じ場所に立ち，月を見ました。図1のア～オのどの
月が見えたか，記号で答えましょう。

図1　月の位置と形

花子：夏休みの自由研究で，ミョウバンと食塩の水へのとけ方のちがいについて調べたいな。
太郎：どちらも同じような白いつぶなんだよね。

※

（2）　食塩とミョウバンがあります。どちらが食塩でどちらがミョウバン
かわかりません。同じ重さのビーカーが2つあり，どちらにも水が50mL
入っています。これを利用してどちらが食塩かを確認する方法と結果
を2通り答えましょう。図2は水温と50mLの水にとける食塩の量の関
係，図3は水温と50mLの水にとけるミョウバンの量の関係を表してい
ます。ただし，味を確認してはいけません。

図2　水温と50mLの水にとける食塩の量の関係

1つめの方法と結果

2つめの方法と結果

図3　水温と50mLの水にとけるミョウバンの
量の関係

太郎：電磁石（でんじしゃく）の強さとかん電池のつなぎ方の関係も調べてみたいね。

※

（3）　図4のように，ア～カの6つのたんしのついた板があります。たんしアと
ウには電磁石がつながっています。表1は，電磁石につなぐかん電池の数と，
電磁石に引きつけられるクリップの重さとの関係を表しています。この板に，
表2の実験1のように導線をつないだところ，4gのクリップが電磁石に引
きつけられました。このとき，2つのかん電池はそれぞれどのたんしにつな
がっていると考えられますか。解答らん①の たんし のわくにア～カの記号
で答えましょう。
　　また，実験1で，4gのクリップが電磁石に引きつけられたかん電池のつ
なぎ方のうち，表2の実験2のように導線をつなぎかえると，クリップを引
きつけなくなるかん電池のつなぎ方を解答らん②の たんし のわくにア～カの記号で答えましょう。

図4　電磁石がつながった板と
かん電池と導線

表2　導線のつなぎ方と電磁石に引きつけられたクリップの重さとの関係

表1　電磁石につなぐかん電池の数と，引きつ けられるクリップの重さとの関係			
電磁石につなぐ かん電池の数	0個	1個	直列に 2個
電磁石に引きつけ られるクリップの 重さ	0g	2g	4g

解答らん①

解答らん②

（I－2）

受検	
番号	

課題2 太郎さんと花子さんは，クリスマス会の準備について話をしています。あとの（1）〜（3）に答えましょう。

太郎：窓（まど）にかざりつけしたいね。

花子：直角三角形のセロハンがあるから，これを使ったらどうかな。

太郎：何枚かはると，いろいろな模様（もよう）になるね。

※

（1）　図1の直角三角形のセロハンを重ならないように何枚かしきつめて，次の表の図形を作ります。
　　　このときに使うセロハンの枚数を表の空らんに書きましょう。ただし，何種類もできる場合は，できるだけ少ない枚数を書くこととします。また，セロハンは裏返して使ってもよいものとします。

表　　作る図形と使うセロハンの枚数との関係

作る図形	長方形	正方形	ひし形	五角形	六角形
セロハンの枚数（枚）			4		

図1

太郎：セロハンを重ねると，色が変わっていろいろな模様ができておもしろいね。

花子：そうね。私は8枚使って模様を作ってみたよ。

太郎：対称（たいしょう）の図形だから中に正方形がぴったり入るね。

※

（2）　図2は図1のセロハンを8枚使って花子さんが作った模様です。図3は図2を4等分したものです。
　　　図3の色のついた部分の面積を答えましょう。また，どのようにして求めたのかも説明しましょう。

図2

説明

cm²

図3

太郎：ビンゴゲームの景品を入れる箱を作っておこう。

花子：景品は1等から3等まであるよ。

太郎：表面の星の数を変えて，わかるようにしてみよう。

図4

図5

※

（3）　図4の星の模様がついた厚紙を切って，図5のような直方体を作ります。表面に星の個数があわせて2個，4個，6個ついている直方体を作るとき，【解答のかき方】のように解答らんの点線にそってそれぞれのてん開図を完成させましょう。ただし，解答らんのマス目の1辺の長さは10cmとします。

【解答のかき方】

星が5個

解答らん

星が2個

星が4個

星が6個

2019(H31) 岡山操山中

Ｋ教英出版　適I　4の3

受検番号		1※	2※	3※	※ ※70点満点（配点非公表）

課題1 太郎さんと花子さんは，週末に太郎さんの家の車で遊園地に行くことになりました。あとの（1）～（3）に答えましょう。

太郎：遊園地まではいろいろな行き方が考えられるね。
花子：道のりが短い方が使うガソリンの量は少なくなるね。

※ ☐ （1） 図1は太郎さんの家（A）から遊園地（F）までの道や道のりを表したものです。太郎さんの家の車は，1km走るのに0.06Lのガソリンが必要だとすると，『A→B→C→E→F』と最も短い道のりで進むときに必要なガソリンの量は何Lか答えましょう。

図1

	L

太郎：高速道路を利用することもできるね。
花子：そうだね。でも，高速道路を利用すると，車のガソリン代とは別に高速道路の料金がかかるね。

※ ☐ （2） 図1の二重線部分（BとDの間，DとEの間）は高速道路で，表は高速道路の料金を表しています。車は，高速道路では時速80km，それ以外の道では時速40kmで走り，速さに関わらず1km走るのに10円のガソリン代がかかります。Aを8時20分に出発して，Fに11時までに着くように行こうと思います。このとき，ガソリン代と高速道路の料金を合わせた費用が3000円以内になる行き方を1通り答えましょう。また，そのときにかかる時間と費用を答えましょう。ただし，消費税は考えないこととします。

表　高速道路の料金

区間	料金
BとDの間	800 円
DとEの間	1500 円
BとEの間	2300 円

行き方 A→B→ □ →E→F	時間 分	費用 円

太郎：前に遊園地に行ったとき，道が混雑していて大変だったね。
花子：高速道路の料金がかかるけど，もどって道を変えた方が早く着いたかもしれないね。

※ ☐ （3） 太郎さんは以前に図1の道を『A→B→C→E→F』と進んで遊園地に行きました。しかし，図2のGからEまでの12kmは混雑していて，時速10kmでしか進めませんでした。Cを過ぎたあとHでおり返し，『C→H→C→D→E→F』と進む方が，Hでおり返さず『C→H→G→E→F』と進んだときよりも早く遊園地に着くのは，CからHまでの道のりが何kmより短い場合か答えましょう。また，どのようにして求めたかも説明しましょう。ただし，高速道路では時速80km，GからEまでの道と高速道路以外の道では時速40kmの速さで走ることとします。

図2

説明	
	kmより短い

平成３１年度

岡山県立岡山操山中学校　　適性検査Ⅰ

【注意】

・　この検査は，文章を読んで，太字で書かれた課題に対して，答えやあなたの考えなどをかく検査です。課題ごとに，それぞれ指定された場所にかきましょう。

・　検査用紙は，表紙（この用紙）をのぞいて，３枚あります。指示があるまで，下の検査用紙を見てはいけません。

・　「始め」の合図があってから，検査用紙の枚数を確かめ，３枚とも指定された場所に受検番号を記入しましょう。

・　検査用紙の枚数が足りなかったり，やぶれていたり，印刷のわるいところがあったりした場合は，手をあげて先生に知らせましょう。

・　検査用紙の ※ □ には，何もかいてはいけません。

・　この検査の時間は，４５分間です。

・　表紙（この用紙）と検査用紙は，持ち帰ってはいけません。

・　表紙（この用紙）の裏を，計算用紙として使用してもよろしい。

課題3　太郎さんと花子さんは授業でごみ問題について先生と話をしました。
あとの（1），（2）に答えましょう。

太郎：最近，プラスチックごみのことが問題になっていますね。

花子：プラスチックは軽くて丈夫だけど，自然に分解されないものもあるから困ると聞きました。プラスチックはどのように作られているのですか。

先生：プラスチックは石油を原料として石油化学コンビナートなどで作られています。

資料1　工業生産額のうちわけ（2016年）

瀬戸内工業地域
（岡山県・広島県・山口県・香川県・愛媛県）
計 29兆989億円　機械37%　金属17%　化学21%　食品8%　その他17%

関東内陸工業地域
（埼玉県・群馬県・栃木県）
計 30兆6520億円　機械46%　金属11%　化学9%　食品16%　その他18%

（日本国勢図会 2019/20 から作成）

資料2　工業地域と石油化学コンビナートの分布

●：石油化学コンビナート所在地

関東内陸工業地域
瀬戸内工業地域

（日本国勢図会 2019/20 から作成）

（1）　資料1と資料2を関連させて，関東内陸工業地域とくらべた瀬戸内工業地域の特色を，解答らんの書き出しに続けて説明しましょう。

※

瀬戸内工業地域は

先生：では，プラスチックごみはどのように処理されているのでしょうか。

花子：リサイクルされていると思います。

先生：リサイクルとは「再資源化」のことですね。それではプラスチックのリサイクルはどのように行われているのか，調べてみましょう。

資料3　街にある施設

スーパーマーケット　市役所　せいそう工場

（2）　プラスチックのリサイクルの取り組みについて調べるために，街に取材に出かけました。

ア　資料3のスーパーマーケットか市役所のどちらかを取材します。取材する施設を選んで，あなたが取材したいことを，その施設が行っている「リサイクルの取り組み」に関連づけて書きましょう。

イ　資料4は，せいそう工場に取材に行ったときにもらったパンフレットに書かれていたものです。資料の数量または割合に注目して，あなたが考える「リサイクルの課題」と，「なぜそのことを課題と考えたか」を具体的に説明しましょう。

資料4　日本のプラスチックの処理・処分の内容（2017年）

		万t	%
リサイクル	国内処理 *1	108	12
	輸出 *2	143	16
	エネルギー回収 *3	524	58
未利用	単純焼却 *4	76	8
	うめ立て	52	6
合　計		903	100

（一般財団法人プラスチック循環利用協会「プラスチックリサイクルの基礎知識」，財務省貿易統計から作成）

*1 国内処理：国内の工場で再資源化の処理をする。
*2 輸出：国外に輸出してリサイクルしてもらう。
*3 エネルギー回収：燃やした熱を利用する。
*4 単純焼却：熱などを利用することなく焼却する。

※　ア

※　イ

（2） ── ア「自分がどのように跳ぶか、そのイメージを事前に完全に作っておき」とありますが、そうすることで跳ぶときにどんな良いことがあると筆者は考えていますか。五十字以内で書きましょう。（、や。や「」なども一字に数えます。）

※

（3） ── イ「見えない人」とありますが、私たちの社会には、目の見えない人や見えにくい人にとって助けになるものやエ夫がたくさんあります。点字ブロックやめがねは、その代表的なものです。この他に、あなたの身の回りにあるものやエ夫を一つ挙げて、どのように目の見えない人や見えにくい人の助けになっているかを説明しましょう。

※

50字

（4） ── ウ「日本はこれから、どの国も経験したことのないような超高齢化社会に突入します」とありますが、超高齢化社会では、どのようにすることが求められていると筆者は考えていますか。なぜそう考えているのかもふくめて、解答らんの外のことばに合うように六十字以内で書きましょう。（、や。や「」なども一字に数えます。）

※

ことが求められていると考えている。

60字

課題2　あなたは学級で「グループで話し合いをするときに守るべきルール」を一つ提案することになりました。あなたが提案するルールを一つ書きましょう。また、そのルールを提案する理由を説明し、さらにあなたの提案に対する反対意見と、その反対意見を出した人に対する反論もふくめて、二百字以内で書きましょう。（、や。や「」なども一字に数えます。段落分けはしなくてよろしい。一マス目から書き始めましょう。）

提案するルール

※

2※

200字　　　　　　　　　　100字

1※	2※	3※	※（配点非公表）	受検番号

課題1　次の文章を読んで、あとの(1)から(4)に答えましょう。

見えない人がスポーツをする際にも、イメージが大きな力を持つ場合があります。葭原さんが二十二歳で見えにくくなって最初にやったスポーツは、陸上の走り高跳びでした。状況に応じるサーフィンのようなスポーツと違って、走り高跳びの場合は、ア自分がどのように跳ぶか、そのイメージを事前に完全に作っておき、その通りに跳びます。地元の試合だろうが、パラリンピックだろうが、いつだって同じ「頭の中のバー」を跳ぶのです。いわゆる「イメージトレーニング」のようなもの、環境だけでなく自分の動きを含めたイメージの中に*1没入するのです。

具体的には、見える人の助走のイメージが重要です。見える人の場合、ジャンプの*2成否を決める要因が占める割合は六割と言われます。ところがイ見えない人になると、これが八～九割になる。しかも歩数が短く二、三歩程度しかありません。葭原さんは少し見えていたのでもっと長い距離を助走していましたが、*3全盲だと長くても五歩程度だといいます。

この数歩をどのようにこなしたらいいか。ベストな*4フォームをひたすら筋肉に覚え込ませるのです。助走の動きを*5シミュレーションしてそのとおり動けるようにすることが、見えない人にとっての走り高跳びの練習です。「バーを跳ぶ」という目標に向かうのではなく、その過程での体の動きを作る。それはどこかダンスにも似ています。完璧なダンスが踊れると、その結果としてバーがクリアできるわけです。

もちろん、スポーツは勝負事ですから、*6パスするかどうかの駆け引きなど現場で対応しなければならない要素もあります。しかし、「跳ぶ」という肝心の行為に関しては、頭の中にあらかじめ作ったイメージに徹底的に集中することが重要なのです。恐怖心は、対応できない*7偶発事が起こるかもしれないという*8ネガティブな予期から生まれます。偶発事を排除した揺るがないイメージに没入することができれば、恐怖心は生まれません。

こうしたイメージへの没入は、見えない人の方がかえって得意とすることかもしれません。視覚がないぶん、不必要な情報に振り回されることがないからです。広瀬さんは、こうした集中力の高さは、武道においても役立ったといいます。たとえば居合道では、頭の中にイメージした敵に向かって、刀を振り下ろします。イメージされたものに体を合わせていく力は、見えない人の方が強いのかもしれません。

障害と無関係な人はいません。誰しも必ず年をとります。年をとれば、視力が落ちる、耳が遠くなる、膝が痛む……等々、多かれ少なかれ障害を抱えた身体になるからです。

ウ日本はこれから、どの国も経験したことのないような*9超高齢化社会に突入します。さまざまな障害を持った人が、さまざまな体を駆使してひとつの社会をつくりあげていく時代です。医療技術や工学技術の発展も、この多様化を加速する要因でしょう。つまり高齢化社会になるとは、身体多様化の時代を迎えるということでもあります。

そうなると、人と人が理解しあうために、相手の体のあり方を知ることが不可欠になってくるでしょう。異なる民族の人がコミュニケーションをとるのに、その背景にある文化や歴史を知る必要があるように、これからは、相手がどのような体を持っているのか想像できることが必要になってくるのです。

（伊藤亜紗著　『目の見えない人は世界をどう見ているのか』光文社新書から）

*1　没入・・・一つのことに集中すること。
*2　成否・・・成功するかしないか。
*3　全盲・・・両目の視力を失った状態のこと。
*4　フォーム・・・スポーツなどの動きの姿勢のこと。
*5　シミュレーション・・・実際の動きをまねて、同じように行うこと。
*6　パス・・・走り高跳びで自分の順番を飛ばすこと。
*7　偶発事・・・偶然に起こったできごと。
*8　ネガティブ・・・否定的なさま。
*9　超高齢化社会・・・総人口のうち、高齢者の割合が非常に高くなっている社会のこと。

(1)　――「想像」は「そうぞう」と読みますが、同じ読み方で別の漢字を使った熟語に「創造」があります。このように、別の漢字を使いながら、同じ読み方をする熟語を二つ考え、それぞれの熟語を使って文を作りましょう。ただし、「想像」「創造」「感心」「関心」を使ってはいけません。「感心」と「関心」のように、一字違いの熟語でもかまいません。

熟語	文
熟語	文

令和二年度

岡山県立岡山操山中学校　適性検査Ⅱ

【注意】

・　この検査は、文章や資料を読んで、太字で書かれた課題に対して、答えやあなたの考えなどを書く検査です。課題ごとに、それぞれ指定された場所に書きましょう。

・　検査用紙は、表紙（この用紙）をのぞいて三枚あります。指示があるまで、下の検査用紙を見てはいけません。

・　「始め」の合図があってから、検査用紙の枚数を確かめ、三枚とも指定された場所に受検番号を記入しましょう。

・　検査用紙の枚数が足りなかったり、やぶれていたり、印刷のわるいところがあったりした場合は、手をあげて先生に知らせましょう。

・　検査用紙の　※　には、何もかいてはいけません。

・　この検査の時間は、四十五分間です。

・　表紙（この用紙）と検査用紙は、持ち帰ってはいけません。

受検
番号

3※

課題3　太郎さんと花子さんが秋の空を見ながら話をしています。あとの（1）～（3）に答えましょう。

太郎：明日の遠足は晴れるといいね。空の様子を見て，次の日の天気を予想することはできるのかな。
花子：太陽の方向に雲がなく夕焼けがきれいに見えると，次の日の朝は晴れることが多いはずだよ。

※

（1）　太郎さんと花子さんの会話で，花子さんが_____のように考えた理由を，夕焼けが見える方角と天気の
移り変わりを関連付けて説明しましょう。

説明

太郎：てるてるぼうずが風で左右にゆれている様子は，ふりこの動きに似ているね。
花子：ふりこについては理科の授業で学習したけど，ふりこのふれ方には何かきまりがあったよね。

※

（2）　図1のように，糸におもりを取り付けて，点Pを支点としたふりこを作
りました。おもりをある高さまで持ち上げて手をはなしたとき，このふり
この1往復する時間は4.0秒でした[実験1]。次に，点Pの真下の点Aに
くぎを固定し，実験1と同じ高さからおもりをはなすと，1往復する時間
は3.4秒でした[実験2]。最後に，おもりをはなす高さは変えず，くぎ
の位置を図2の点Bまたは点Cの位置に変えることで，1往復する時間
を4.0秒よりも短く，3.4秒よりも長くしたいと思います[実験3]。
　　このとき，点Bまたは点Cのどちらにくぎを固定すればよいかを選び，
選んだ理由を「ふりこの長さ」にふれながら説明しましょう。ただし，
点Pから点A，B，Cまでのきょりはそれぞれ等しくなっています。
また，点B，Cのどちらにくぎを固定した場合でも，糸はくぎにふれるものとします。

図1　実験1，2のようす

図2　実験3のようす

説明

点（　　　）

太郎：明日の気温も気になるね。温度計は，温度による物質の体積のちがいを利用したものだったよね。
花子：理科の授業でいくつかの物質の温度による体積の変化について学習したよ。

※

（3）　図3のように，試験管Aには水を，試験管Bには金属球と水を入れ，ガラス管のつい
たゴムせんをしました。試験管Cには，試験管の半分の高さまで水を入れた後，少量の
水を入れたガラス管のついたゴムせんをしました。
　　このとき，試験管内の温度はすべて10℃で，試験管AとBの水面の位置と，試験管C
の少量の水がある位置が，図3の -----の高さでそろっていました。
　　次に，試験管A，B，Cのゴムせんよりも下の部分全体を，すべて同時に60℃のお
湯につけました。1分後のガラス管内のようすを正しく表したものを下の①～⑥から
1つ選び，選んだ理由を説明しましょう。なお，図3のゴムせんは中のガラス管が見
えるようにかかれています。

図3　実験のようす

説明

正しく表したもの（　　　）

受検番号	

2※

課題2　太郎さんと花子さんは，運動会について話をしています。あとの（1）～（3）に答えましょう。

太郎：小学校の運動会で1周150mのトラックを走ったんだ。
花子：私は地域（ちいき）の運動会で半円の半径が10mのトラックを走ったよ。

※ □

（1）　図1のように，横の長さが40mの長方形1つと，半円を2つ合わせたトラックをつくります。
（ア）　1周150mのトラックをつくるときの半円の半径を答えましょう。ただし，円周率は3.14として，小数第2位を四捨五入して，小数第1位までのがい数で答えましょう。
（イ）　半円の半径が10mのトラックをつくるとき，1周の長さを答えましょう。ただし，円周率は3.14とします。

（ア）1周150mのトラックの半円の半径	（イ）半円の半径が10mのトラックの1周の長さ
約　　　　　m	m

40 m

図1　トラックの図

太郎：コースの内側の線にそって走るのと，外側の線にそって走るのとでは，走る距離（きょり）が変わるね。
花子：変わった形にしたら，どれくらい走る距離は変わるかな。

※ □

（2）　図2は1辺が25mの正三角形の，それぞれの辺や頂点から90cm離（はな）して内側の線を引き，さらに内側の線から90cm離して外側の線を引いてつくったコースです。このとき，コースの外側の線の長さと，内側の線の長さの差を答えましょう。また，どのようにして求めたかも説明しましょう。ただし，円周率は3.14とします。

90 cm

コース

25 m

内側の線
外側の線

図2

説明

差　　　　　　m

太郎：今年は東京オリンピック・パラリンピックがあるね。
花子：そうだね。前回の東京オリンピック・パラリンピックは昭和にあったそうだね。
太郎：昭和元年は西暦（せいれき）でいうと1926年だね。
花子：昭和と西暦の年数に，何かおもしろい関係があるかな。

※ □

（3）　（例）の表のように，西暦の年数が，その年の昭和の年数でわり切れる年が何回かあります。西暦の年数が，その年の昭和の年数でわり切れる年を（例）以外に2つ見つけ，昭和の年数で答えましょう。ただし，わり切れるとは，商が整数であまりがないこととします。また，昭和は64年までありました。

（例）

西　暦	昭　和	計　算
1926年	元年（1年）	1926÷1＝1926
1930年	5年	1930÷5＝386
1932年	7年	1932÷7＝276

昭和　　　　年	昭和　　　　年

受検番号		1※	2※	3※	※
					（配点非公表）

課題1 太郎さんと花子さんは，冬休みに本について話をしています。あとの（1）～（3）に答えましょう。

太郎：もうすぐお正月だね。来年はたくさん本を読みたいな。

花子：習慣が大切だね。次郎さんは，年が明けたら毎日必ず15ページずつ本を読むつもりだと言っていたよ。

※

（1） 次郎さんは全部で320ページある本を，1月1日から読むことにしました。毎日15ページずつ読むとすると次郎さんがこの本を読み終えるのは何月何日になるか答えましょう。

　　　　　　　　　　　月　　　　　　日

太郎：冬休み中は時間もたっぷりあるから，しっかり本が読めるね。最初の2日間だけでも，かなり読めたよ。

花子：私もたくさん読んでいるよ。

※

（2） 表1は本A，B，Cそれぞれのページ数を表しています。太郎さんは冬休みの1日目に本A全体のページ数の $\frac{1}{4}$ を，2日目に本Aの残りのページ数のうちの $\frac{4}{9}$ を読み終えました。花子さんは冬休みの1日目に本Bのすべてのページを，2日目に本C全体のページ数の40％を読み終えました。冬休みの最初の2日間で，太郎さんと花子さんはそれぞれ本を何ページ読んだか答えましょう。

表1 本のページ数

本	ページ数
本A	396
本B	138
本C	215

太郎さんは　　　　　　ページ，花子さんは　　　　　　ページ読んだ

太郎：街の図書館では，本の整理をするようだよ。本を新しい本だなに移しかえたりもするよ。

花子：本の横にすき間ができないように並べるには，何段でどんな横はばの本だなが良いかな。

背表紙

厚さ　本

※

（3） 現在，図1のような3段の本だなに，表2の厚さの本D，E，Fが，表3に示す並び方で，背表紙が手前に見えるように立てて置かれています。これらの本を，段数が10段以下で，横はばが150cm以下の本だなにすき間なく並べようと思います。何段で，横はばが何cmの本だなを用意すればよいか1つ答え，どのようにして求めたかも説明しましょう。また，そのときの本の並べ方の例を，説明のわくの中にある表に書きましょう。なお，本は1段目から順番に並べ，本だなの板の厚さは考えないものとします。表の書き方は表3を参考にし，使わない段にはすべて「0」を書きましょう。

図1 本だな

3段目
2段目
1段目

横はば

表2 本の厚さ

本	厚さ
本D	2cm
本E	3cm
本F	5cm

説明

	本の冊数		
	本D	本E	本F
10段目			
9段目			
8段目			
7段目			
6段目			
5段目			
4段目			
3段目			
2段目			
1段目			

　　段で，横はばが　　　　　cmの本だな

表3 現在の本の並び方

	本の冊数		
	本D	本E	本F
3段目	45	33	0
2段目	72	0	9
1段目	0	48	9

令和２年度

岡山県立岡山操山中学校　適性検査 I

【注意】

- この検査は，文章を読んで，太字で書かれた課題に対して，答えやあなたの考えなどをかく検査です。課題ごとに，それぞれ指定された場所にかきましょう。

- 検査用紙は，表紙（この用紙）をのぞいて，３枚あります。指示があるまで，下の検査用紙を見てはいけません。

- 「始め」の合図があってから，検査用紙の枚数を確かめ，３枚とも指定された場所に受検番号を記入しましょう。

- 検査用紙の枚数が足りなかったり，やぶれていたり，印刷のわるいところがあったりした場合は，手をあげて先生に知らせましょう。

- 検査用紙の ※[　　　] には，何もかいてはいけません。

- この検査の時間は，４５分間です。

- 表紙（この用紙）と検査用紙は，持ち帰ってはいけません。

- 表紙（この用紙）の裏を，計算用紙として使用してもよろしい。

受検
番号

3※

課題3　太郎さんと花子さんは，くらしの中のさまざまな情報や生活の変化について，先生を交えて話し合いました。あとの会話文を読んで，（1）～（3）に答えましょう。

資料1　2013年と2018年における年代別テレビ・インターネットの平日1日当たりの利用時間の変化

（総務省資料から作成）

先生：世の中には多くのメディアが存在します。みなさんはテレビやインターネットをどのくらい利用しているのでしょうか。資料1を見てみましょう。
太郎：グラフの矢印には，どんな意味があるのかな。
花子：10代から60代までのそれぞれの年代について，テレビを見る時間とインターネットを利用する時間の変化が分かるのではないかな。
先生：そうですね。ではこの資料を見て，10代から60代までの6つの年代について，利用時間が5年間でどのように変化したかを考えてみましょう。

（1）　テレビを見る時間とインターネットを利用する時間について，資料1の6つの年代を変化の特ちょうによって大きく2つのグループに分けたいと思います。あなたならどのようなグループに分けますか。分けた理由もふくめて書きましょう。

※

先生：商品やサービスを提供する会社は，自社の商品に関する情報を届ける手段の一つとして広告を利用します。ここに1990年と2020年の新聞があります。この2つの新聞にある広告の内容を項目ごとに分けてグラフにすると，何か気付くことがありますか。
太郎：30年間で新聞広告の内容が大きく変わっています。1990年は，自動車や住まいに関するものが多いですが，2020年では，健康や医療に関するものが多くなっています。
花子：この30年間で新聞広告の内容が変化した理由は何かな。

資料2　新聞広告の内容

1990年5月18日(金)の朝刊　　2020年5月15日(金)の朝刊

※紙面に掲載されたすべての広告に対する面積比による。
（朝日新聞縮刷版から作成）

（2）　資料2を見ると，30年間で新聞広告の内容が変化しています。「世代」という言葉を必ず用いて1990年と2020年の特ちょうを比べながら，変化した理由として考えられることを書きましょう。

※

先生：現在，さまざまなメディアを通じて多くの情報を得るだけでなく，自分たちで情報を発信することもできる時代になりました。そのことで，社会とわたしたちの関係はどのように変わったのでしょうか。
太郎：例えば，自分の意見や良さを発信する機会が少なかった人でも，積極的に発信できる機会が増えてきていると思います。
花子：つまり，情報化が進むことで，これまでよりも社会との関わりを強めることができるようになったということですね。

（3）　これまで自分の意見や良さを社会に向けて発信する機会が少なかった人が，情報化が進むことによって積極的に発信し，社会との関わりを強めることができるようになった例としてどのようなものがありますか。解答らんの　ア　には，発信する機会が少なかった人を，　イ　には，発信した内容と，発信したことで社会との関わりを強めることができるようになった例を書きましょう。

ア		人が，情報化が進むことによって

※ | イ | |

2※

※

（２）
——ア「これ」が指す内容を十字以内で書きましょう。

※
（３）
——イ「言語のレベルと思考のレベルは比例する」とは、どういうことですか。別の言葉に言いかえて、三十五字以内で書きましょう。（、や。や「」なども一字に数えます。）

※
（４）
——ウ「それぞれの『読解力』には違いがある」と村上さんが考える理由を、文章中の言葉を使って説明しましょう。次の文の書き出しに続けて、解答らんに八十字以内で書きましょう。（、や。や「」なども一字に数えます。）

「生活」の役に立つ「読解力」は、実用的な文章や資料を読み取る力で、すでにその力を習得した人の読み取るプロセスをたどりながら鍛える必要があるのに対して、

※

選んだグループ

課題2　太郎さんの学級では、AとBの二つのグループに分かれて、昔の地域の暮らしについて調べ学習をすることになりました。Aグループは「昔から地域に住んでいるお年寄りにインタビューをする」という方法で、Bグループは「資料館で地域の資料を調べる」という方法で調べ学習をします。あなたならAとBどちらのグループに参加したいと思いますか。左のわくに書きましょう。また、あなたがそのグループを選んだ理由を、二つのグループの方法を比べながら説明しましょう。さらに二つのグループの方法以外で効果的な方法を考え、なぜそれが効果的なのか、理由もふくめて解答らんに二百字以内で書きましょう。一マス目から書き始めましょう。（、や。や「」なども一字に数えます。段落分けはしなくてよろしい。）

200字　　　　100字

課題1　次の文章を読んで、（1）から（4）に答えましょう。

わたしたちは毎日、いろいろなものを読んでいます。例えば、学校の授業では、教科書を読みます。国語や道徳の授業では、物語や説明文、伝記などを読むでしょう。また、算数や理科の授業では図形や式、グラフなどの資料を読むこともあります。

しかし、わたしたちが読むものはこれだけではありません。友だちからもらった手紙、新聞やインターネットのニュース、あとに示した「クリーン作戦の案内文」のようなものもあります。そして、その内容を理解しながら、わたしたちは生活しています。

書かれたものを読み、内容を理解する力を「読解力」といいます。以前は文章を読むときに使う言葉だという印象がありましたが、最近では文章に限らず「資料」の読み取りなどもふくめて、広い意味で使われるようになってきました。小説の主人公の気持ちを読み取るときにも、複数のグラフから問題点を考えるときにも「読解力」が必要だということです。このような「読解力」について、長年、中学校や高等学校で国語を教えてきた村上慎一さんは、著書の中で次のように述べています。

「言葉をみがき、精密な運用を目指す『国語』という教科は、『人生』のすぐ近くにある。『なぜ国語を学ぶのか』という問いへの答えは、シンプルである。よりよい人生、より豊かな生のために学ぶのである。」

その思いは、今も変わらない。ひとは、言葉以外のもので思考できない。ひとが言葉で生きる存在である以上、言葉の精密な運用は人生に直接かかわると思う。長らくそう考えて、私は「国語」という教科を教えてきた。「国語」という教科の推進力は「読解力」だという思いの思いがある。

「読解力」は、「読むこと」だけに働くわけではない。「聞くこと」はもちろん、「話すこと」『書くこと』のベースには「読解力」がある。「読解力」とは、言葉の表現者の意図を正確に読み、それを自分の言葉に置き換えて解釈する力である。表現者の意図を読み取るには、表現者の立場や心情に対する想像力が求められる。疑問が生じ、どういうことかと自分の頭で考えてみることも当然あるだろう。読解力とは想像力、思考力の鍛錬である。その鍛錬がなければ、自らが言葉による表現者になることはないように思う。

私が「国語」という教科で求めてきた「読解力」とは別の「読解力」が話題になることが多くなったという気がする。言葉は「読解力」で同じだが、大きな違いがある。これまで国語で学んできた「読解力」が「人生」に直接かかわるものであったのに対し、昨今話題の「読解力」は「生活」にかかわるものにみえる。「生活」の役に立つ「読解力」は、どうでもよいと思っているわけではない。たとえば「実用的な文章」の読み取り、図や表といった「資料」の読み取りなども、おろそかにしてはいけないのだと思う。これらの読み取りが必要だとして、どのようにその「読解力」を鍛えたらよいのだろう。すでに「実用的な文章」の読み取りや「資料」の読み取りを自分のものにしている人がどのようなプロセスを経てそれらの読み取りを自分のものにしたかを考える必要がある。

（村上慎一著『読解力を身につける』岩波ジュニア新書　前書きより　出題のために一部改めた所があります。）

*1　ベース…土台、基本
*2　鍛錬…きたえること
*3　昨今…このごろ
*4　プロセス…物事を進める順序

ここでは「読解力」が大きく二つに分類されています。そして、ウそれぞれの「読解力」には違いがあると村上さんは考えています。わたしたちが生きていく上で、「読解力」は欠かせません。二つの「読解力」を身につけることで、よりよい人生、より豊かな生を手に入れることができるのではないでしょうか。

「クリーン作戦の案内文」

令和〇年〇月〇日

△△町内会のみなさま

□□□市立△△小学校
児童会長　岡山　太郎

△△小学校区クリーン作戦のご案内

新緑がまぶしい季節になりました。みなさま、いかがお過ごしでしょうか。

さて、今回私たち△△小学校児童会では、学区のクリーン作戦を計画しました。

△△町内会のみなさまにも、この活動に協力していただければと思っています。参加できる方は次のとおり、お集まりください。

たくさんの人の参加を待ってます。

記

1　日　時　令和〇年11月〇日（土）午前9時〜午前11時
2　場　所　△△公園

（1）「クリーン作戦の案内文」について、次の①、②の問いに答えましょう。

①　クリーン作戦は11月に行われるため、この案内を10月に配布することにしました。点線部分「新緑がまぶしい季節になりました。」を季節にふさわしい文に書き直しましょう。

②　文中　　　部分の「たくさんの人の参加を待ってます。」を、敬語を使った文に書き直しましょう。

令和三年度

岡山県立岡山操山中学校　適性検査Ⅱ

【注意】

・　この検査は、文章や資料を読んで、太字で書かれた課題に対して、答えやあなたの考えなどを書く検査です。課題ごとに、それぞれ指定された場所に書きましょう。

・　検査用紙は、表紙（この用紙）をのぞいて三枚あります。指示があるまで、下の検査用紙を見てはいけません。

・　「始め」の合図があってから、検査用紙の枚数を確かめ、三枚とも指定された場所に受検番号を記入しましょう。

・　検査用紙の枚数が足りなかったり、やぶれていたり、印刷のわるいところがあったりした場合は、手をあげて先生に知らせましょう。

・　検査用紙の　※　には、何もかいてはいけません。

・　この検査の時間は、四十五分間です。

・　表紙（この用紙）と検査用紙は、持ち帰ってはいけません。

受検
番号

3※

課題3　太郎さんと花子さんが理科室の実験器具について話をしています。あとの（1）～（3）に答えましょう。

太郎：豆電球に明かりをつけたいのに，豆電球のソケットがみつからないな。
花子：ソケットがなくても，工夫をすれば豆電球の明かりをつけることができるよ。

※

（1）　図1は，豆電球のソケットのしくみを表しています。右の解答らんの豆電球に，
図2の2つを使って，豆電球に明かりがつくつなぎ方の図をかきましょう。ただし，
使える導線の長さは自由に変えることができますが，切ることはできません。図は，
定規を使わずにかいてもかまいません。

解答らん

図1

かん電池　1個　　導線　1本

図2

太郎：濃さのちがう食塩水を，なめること以外の方法で見分けることができるかな。
花子：実験器具を使うと，いくつかの方法で見分けることができると思うよ。

※

（2）　図3のように同じ大きさの容器に濃さがちがう食塩水AとBが入っています。濃い食塩水を見分ける方法を1つ考
えて，どのような結果から濃い食塩水であると見分けられるのかを，食塩水A，Bと図4で示されているものを使って
説明しましょう。ただし，食塩水A，Bと図4で示しているものについては，数や量はどれだけ使用してもかまいませ
ん。また，使用しないものがあってもかまいません。

食塩水A　　　　食塩水B

図3

水　　　　食塩
電子てんびん　　ビーカー　　温度計　　蒸発皿　　メスシリンダー　　アルコールランプセット

図4

説明

花子：ご飯をたく前に，米に水を吸水させるとふっくらしたご飯になると教えてもらったよ。
太郎：吸水させる時間は何分ぐらいにすればいいかな。

※

（3）　図5は，米が吸水したようすを表したものです。図6は，米の吸水量と浸水時間の関係を示したものです。夏は
30分程度の浸水でよいといわれていることから，冬は何分程度浸水させるとよいか，答えましょう。また，その理由
を図6のグラフをもとに具体的な値を使って説明しましょう。

浸水0分

浸水150分

図5

図6　米の吸水量と浸水時間のグラフ

説明

分程度

2※

課題2　太郎さんと花子さんは，様々なロボットについて研究している次郎博士の研究室を訪問しています。
　　　　あとの（1）～（3）に答えましょう。

花子：まっすぐ進んでいるロボットが，壁にぶつかるとどうなるのですか。
博士：まっすぐ進んで壁にぶつかると，壁まで進んできた角度と同じ角度に向きを変えて進みます。

（1）　図1は，ロボットが壁にぶつかり，進んできた角度と同じ角度に向きを変えて進む様子を示した図です。また，この
　　　ロボットは角で止まります。このロボットが図2の，底面が1辺30cmの正方形である箱の角Aから辺BCの点Pに向
　　　けて進むとします。このとき，ロボットは壁に何回ぶつかり，図2のどの角で止まるのかA～Dで答えましょう。ただ
　　　し，点Pで辺BCとぶつかることも1回と数えることとし，角にぶつかって止まることは1回と数えないこととします。
　　　また，ロボットの大きさは考えないこととします。

図1

図2

| 壁に | 回ぶつかり，角 | で止まる |

太郎：このロボットがどの角で止まるのか，簡単に見つける方法はないのかな。
博士：実は折り返した図形をいくつかかくと，どの角で止まるのか，壁に何回ぶつかるのかを考えやすくなりますよ。
花子：それならいろいろな形の底面で，ロボットがどのように動くのかも考えられそうね。

（2）　図3は，（1）のロボットが角Aから進み，壁にぶつかり，角Dで
　　　止まったときの通り道を，底面を折り返した図形を用いてまっすぐな
　　　通り道として表した図です。図4のような，底面が正三角形3つででき
　　　た台形である箱の中を，角Eからロボットが進み始め，壁に何回か
　　　ぶつかり，角Fで止まるまでには通り道が何通りかあります。図3を
　　　参考にして，折り返した底面とロボットが進むまっすぐな通り道を，
　　　解答らんの点線を利用して2通りかきましょう。また，それぞれの通
　　　り道について壁にぶつかる回数を答えましょう。ただし，角にぶつか
　　　って止まることは1回と数えないこととし，ロボットは壁に沿って進
　　　むことはないこととします。また，ロボットの大きさは考えないこと
　　　とします。解答らんの三角形は正三角形であり，図は点線からはみ出
　　　さないこととします。

解答らん

| | 回 |

| | 回 |

図3

図4

博士：きれいな円や直線をかくことができるロボットもありますよ。

（3）　図5の（ア），（イ）は，円と正方形が組み合わされたものです。（ア）は円の中に1辺10cmの正方形がぴったり
　　　入った図です。（イ）は1辺4cmの正方形の周りに，それぞれの辺を1辺とする正方形が円にぴったり入った図です。
　　　（ア），（イ）それぞれの円の面積を答えましょう。ただし，円周率は3.14とします。

（ア）

（イ）

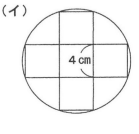

図5

| （ア） | cm² | （イ） | cm² |

受検番号		1※	2※	3※	※
					（配点非公表）

課題1 太郎さんと花子さんは，的当て大会の計画をしています。あとの（1）～（3）に答えましょう。

太郎：的当て大会の参加賞を買いに行こう。
花子：一度家に帰ってから，お店で集合することにしましょう。

※

（1）　太郎さんは家からお店まで 0.8km の道のりを徒歩で行き，花子さんは家からお店まで 3.2km の道のりを自転車で行きました。徒歩の速さは時速 4km，自転車の速さは時速 12km です。このとき，太郎さんと花子さんが，家からお店まで行くのにそれぞれ何分かかるか答えましょう。

太郎	分	花子	分

太郎：参加賞のあめは袋に入れて分けておこうよ。
花子：1人分のあめを何個にしようかな。

※

（2）　太郎さんたちは，参加賞として，1人に1袋ずつあめを用意しています。1袋に6個ずつあめを入れると，用意した袋の $\frac{3}{5}$ を使い，あめが余る予定でした。しかし，参加者が12人増えることになったので，1袋に入れるあめの個数を5個ずつに変えました。用意した袋の $\frac{3}{4}$ にすべてあめを入れましたが，そのうち1袋だけあめが足りない袋がありました。このとき，増えた後の参加者の人数，用意したあめの個数と袋の枚数を答えましょう。また，どのように求めたのかも説明しましょう。ただし，あめの個数は考えられる個数の中から1つ選んで答えることとします。

説明
	増えた後の参加者　　人	あめ　　　個	袋　　　枚

太郎：的当て大会を成功させたいね。
花子：4人で練習してみよう。

※

（3）　的当て大会では，図1のような的に3回ずつボールを投げ，当たった的にかかれている数字の合計を得点として競います。ボールを1回投げて2つ以上の的に同時に当たることはありません。太郎さん，花子さん，進さん，陽子さんの4人で練習すると，太郎さんは3回ともちがう数字の的に当てました。このとき，考えられる太郎さんの得点をすべて答えましょう。

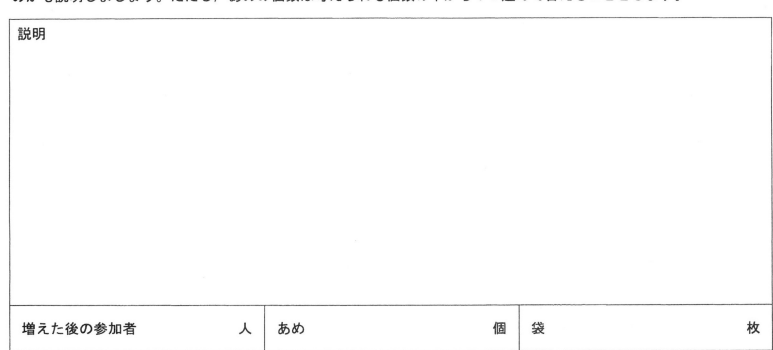

図1

考えられる太郎の得点	

次に，資料1の会話に合うように，考えられる太郎さんの得点の中から1つ選び，太郎さん以外の3人の得点を1通り答えましょう。ただし，得点が高い人から順位が1位，2位，3位，4位となることとします。

資料1

花子「私は3回とも同じ的に当たったよ。全員得点はちがうね。」
進　「ぼくは1回的に当たらなかったけど，2位だったよ。」
陽子「私の得点は太郎さんの得点の1.5倍だったよ。」

選んだ太郎の得点	点

花子の得点	点
進の得点	点
陽子の得点	点

令和３年度

岡山県立岡山操山中学校　　適性検査Ⅰ

【注意】

・　この検査は，文章を読んで，太字で書かれた課題に対して，答えやあなたの考えなどをかく検査です。課題ごとに，それぞれ指定された場所にかきましょう。

・　検査用紙は，表紙（この用紙）をのぞいて，３枚（まい）あります。指示があるまで，下の検査用紙を見てはいけません。

・　「始め」の合図があってから，検査用紙の枚数を確かめ，３枚とも指定された場所に受検番号を記入しましょう。

・　検査用紙の枚数が足りなかったり，やぶれていたり，印刷のわるいところがあったりした場合は，手をあげて先生に知らせましょう。

・　検査用紙の ※□ には，何もかいてはいけません。

・　この検査の時間は，４５分間です。

・　表紙（この用紙）と検査用紙は，持ち帰ってはいけません。

・　表紙（この用紙）の裏を，計算用紙として使用してもよろしい。

受検番号	

課題3　太郎さんと花子さんは，日本の農業と気候について調べ，先生を交えて話し合いました。あとの会話文を読んで，（1）～（3）に答えましょう。

太郎：二毛作という言葉を聞いたので，どのようなものかインターネットで調べて**資料1**にまとめました。二毛作とは，**資料1**のように，1年間に米と小麦などの異なる2種類の作物を同じ耕地でさいばいすることです。

先生：それでは，二毛作はどのような地域でさかんに行われていると考えますか。

花子：二毛作のさかんな地域は，その地域の気候と大きな関係があると考えました。そこで，**資料2**の2つの都市の気温と降水量を比べてみました。

太郎：この2つの都市では，どちらで二毛作がさかんに行われているのだろう。

資料1　二毛作の1年間の作つけスケジュール

月	1	2	3	4	5	6	7	8	9	10	11	12
内容		小麦のさいばい				小麦の収かく	田植え	米のさいばい			いねかり	小麦の種まき

資料2　新潟市と佐賀市の月別平均気温と月別平均降水量

新潟市　　　佐賀市

（気象庁の資料から作成，1991年～2020年までの平均）

（1）　新潟市と佐賀市では，どちらの都市で二毛作がさかんに行われていると考えますか。資料1，資料2をもとに2つの都市の気候を比かくしながら，あなたの考えを書きましょう。

※

太郎：農業といえば，日本では弥生時代を中心に米づくりが始まったと学習しました。

花子：狩りや採集が中心だった生活が，米づくりが始まったことで大きく変わったようですね。

太郎：どのような変化があったのかを**資料3**にまとめました。**資料3**のようにお墓や矢じりに変化があったことがわかりました。

先生：なぜ，お墓や矢じりはこのように変化したのでしょうか。その理由を考えてみましょう。

資料3

	狩りや採集が中心の時代	米づくりが中心の時代
お墓	・住居の周りに小さいお墓が複数作られた	・小さなお墓に加えて，大きなお墓が作られた ・大きなお墓の周りに石やつぼがかざられた
矢じり	・大きさ：1～3cmほど ・材料：石 ・形状：うすくて軽い ・特ちょう：遠くまで速く飛ぶ	・大きさ：1～6cmほど ・材料：石や鉄などの金属 ・形状：厚くて重い ・特ちょう：深くささる

（あいち朝日遺跡ミュージアム資料，愛知県埋蔵文化センター紀要などから作成）

（2）　米づくりが中心になった時代に，お墓と矢じりに資料3のような変化がみられるのはなぜですか。変化した理由として考えられることを，それぞれについて米づくりと関連付けて書きましょう。

※	お墓	
※	矢じり	

先生：日本で米づくりがさかんになったのは，日本の気候と米の育つ条件が合っていたからですね。このように日本の気候や自然かん境は人々にめぐみをもたらす一方で，自然災害を起こし，ひ害をもたらすこともありますね。

太郎：学校では，地域の防災意識を高める取り組みを学習しました。

花子：災害に備えて，準備や対策をしておくことが大切ですね。私が住む地域では，今度，ひ難訓練をする予定です。ひ難訓練をしてみると，実際のひ難の時に困ることなどがわかるかもしれません。

（3）　花子さんは地域のひ難訓練に参加して，「ひ難行動要支えん者」（ひ難時にだれかの助けを必要とする人）への支えんが課題であることを知りました。「ひ難行動要支えん者」がどのような人か具体例を1つあげ，その人がどのようなことに困るか，また，その人に対して地域の人たちはどのような支えんができるか，あなたの考えを書きましょう。

※

（2） ══ウの漢字について興味をもち、漢字辞典で調べることにしました。漢字辞典で調べるときは、「部首さく引」「総画さく引」「音訓さく引」の三つのさく引を利用することができますが、あなたはどのさく引を使って調べますか。三つのさく引の中から二つを選び、それぞれについて調べ方を具体的に書きましょう。

諧

（　　）さく引

（　　）さく引

（3） ──「文学は、世界のとらえ方を変えるものです」とありますが、又吉直樹はＡの俳句において、正岡子規はＢの俳句において、何をどのようにとらえていると筆者は述べていますか。それぞれについて説明しましょう。

A

B

（4） 筆者は、俳句とはどのようなものだと述べていますか。Ａ・Ｂ・Ｃの三つの俳句について書かれていることをふまえ、「俳句とは～ものである。」という形に合わせて、八十字以内でまとめて書きましょう。（、や。や「」なども一字に数えます。）

俳句とは

ものである。

80字

課題2 資料1は、太郎さんの学級で取った、今年度の夏休みをどう過ごしたかについてのアンケート結果です。中学校に進学するにあたって、このアンケート結果をもとに「より良い春休みの過ごし方」について話し合うことになりました。あなたならどのような意見を出しますか。資料1の項目のうち二項目以上を比べながら、「より良い春休みの過ごし方」について、自分の意見を理由もふくめて二百字以内で書きましょう。（、や。や「」なども一字に数えます。一マス目から書き始めましょう。段落分けはしなくてよろしい。）

資料1　今年度の夏休みは主に何をして過ごしたか

ゲーム
友だちと遊ぶ
読書
運動
習い事
インターネット
勉強・学習塾
家族と過ごす

0　　10　　20（人）

＊30人の学級で1人3つ回答

200字

100字

1※　　　2※　　　3※　　　　　※　　　※70点満点
（配点非公表）

課題1　次の文章を読んで、（1）から（4）に答えましょう。

　科学は、病気を治す薬を発明したり絶滅危惧種を守ったり、世界そのものを変える力をもちます。一方、文学は、世界のとらえ方を変えるものです。

A
静寂は爆音である花吹雪
　　　　　　　　　　　　又吉直樹

　芥川賞作家の芸人・又吉直樹さんの俳句です（集英社文庫所収）。音もなく桜の花が散る、美しい光景です。しかし又吉さんは、その静寂を「爆音」だととらえました。静寂が正反対の爆音のように感じられるほど、圧倒的な孤独の中にいるのでしょうか。散る桜も狂気を帯びているようで、なおさら目が離せません。私はこの句を知ってから、静かな桜を見るたび、聞こえない爆音を聞きます。

B
もりあげてやまいうれしきいちご哉
　　　　　　　　　　　　正岡子規　『子規全集』

　明治二十八年、病で生死の境をさまよい一命をとりとめた子規は、神戸の病院に入院していました。後輩の高浜虚子と河東碧梧桐は、看病のために毎日、近くの農園から苺を採ってきます。くだものが大好きな子規は、山盛りの苺を用意してもらえるのも病気になったおかげだ、病気は嬉しいものだなあ、と詠みました。ふつう、病気は嫌なものです。でも、子規はあえて、発想を変えました。言葉の力で、逆境も肯定してみせたのです。
　科学で解決できないことを前にしたとき、私の世界を言葉で変えるのが、俳句の力です。その力は、俳句を受け取った人の世界をも変えうるのです。
　「俳」という字のつくりである「非」には、「そむく。逆の方へ向く」（『新漢語林　第二版』）という意味があります。あえて常識にそむき、違う考え方を採用してみることで、逆境をのりこえてきました。自分とは異なる他者への理解も深まります。
　「こう考えてみたらどうだろう」と思考に角度をつけ、マイナスをプラスに変えてみましょう。過去の俳人たちは、言葉の想像力で、答えの出ない困難を乗りこえてきました。みなさんもまた、現代を生き抜くヒントがあります。解決できない問題の山積する、分断と混乱の時代へ漕ぎ出してゆくことになります。そのとき、俳句という詩の考え方を装備に加えておくことで、自分らしさを見失わず生きてゆけるかもしれません。

C
俳諧や木の実くれさうな人を友
　　　　　　　　　　　　正岡子規　『子規全集』

　木の実はたいした役に立ちませんが、心を灯します。受け取ったとき、ふと笑みがこぼれます。「俳句」＝俳句とは、誰かと木の実を差し出し合い、友だちのように語り合える、あたたかい詩です。言葉を通して、他者と心を通わせる経験は、きっとみなさんの財産になります。
　私たちはふつう、明日もあさっても、今日と同じ日常が続くと思っています。でも、そんな保証はありません。それに、俳句をはじめると、今日と同じ日は二度と来ないことに気づきます。朝焼けに染まる雲のかたち、朝ごはんのウインナーの焦げ、「おはよう」とあくびする友だちの寝ぐせ、教室を吹き抜けてゆく春風のやわらかさ。それらはすべて、今、この瞬間にしか存在しないものです。
　今日がもし、世界最後の日だったら、なんでもない日々の風景も、一度っきりの今として、輝きだすでしょう。そのかけがえのない世界に心ときめくとき、あなたはもう、りっぱな俳人です。俳句や木の実のかけらに心ときめくとき、世界の一度っきりの今を詠む――さくら咲く一度っきりの今を詠む。
（神野紗希著『俳句部、はじめました――さくら咲く一度っきりの今を詠む』岩波ジュニアスタートブックスから）

*1絶滅危惧種…地球上から姿を消すことが心配されている生物。
*2俳人…俳句を作る人。
*3芥川賞…新人に与えられる文学賞。
*4所収…その本にとり入れられていること。
*5哉…感動の気持ちを表す言葉。
*6正岡子規…明治時代に俳人や歌人として活やくした人。
*7肯定…そうだとみとめること。
*8新漢語林…漢字辞典の一つ。
*9山積…山のようにたくさんたまること。
*10くれさうな…「くれそうな」の昔のかなづかい。

（1）―ア「発明」、―イ「発想」のように、「発」を使った言葉はたくさんあります。「発」を使って、「発明」「発想」以外で、解答らんに当てはまるように漢字二字の言葉を作りましょう。ただし、「一」や「百」などの漢数字を使ってはいけません。また、同じ漢字も二回以上使ってはいけません。

発□　発□　□発　□発

令和四年度

岡山県立岡山操山中学校　　適性検査Ⅱ

【注意】

・　この検査は、文章や資料を読んで、太字で書かれた課題に対して、答えやあなたの考えなどを書く検査です。
　　課題ごとに、それぞれ指定された場所に書きましょう。

・　検査用紙は、表紙（この用紙）をのぞいて三枚あります。指示があるまで、下の検査用紙を見てはいけません。

・　「始め」の合図があってから、検査用紙の枚数を確かめ、三枚とも指定された場所に受検番号を記入しましょう。

・　検査用紙の枚数が足りなかったり、やぶれていたり、印刷のわるいところがあったりした場合は、手をあげて
　　先生に知らせましょう。

・　検査用紙の　※　には、何もかいてはいけません。

・　この検査の時間は、四十五分間です。

・　表紙（この用紙）と検査用紙は、持ち帰ってはいけません。

受検
番号

3※

課題3　太郎さんと花子さんは公園で授業のことを思い出しながら話をしています。あとの（1）～
（3）に答えましょう。

図1

太郎：日なたはあたたかくて過ごしやすいね。そういえば，かげの動きについて学習したね。
花子：どの場所ならこのあともかげの中に入らないで，日なたのままなのかな。

※

（1）　図1は木のかげができているようすを表していて，かげは北向きにできています。この日の日ぼつ
までの間で，このあとも図1の木のかげの中に入らないベンチはA，Bのどちらか記号で答えましょ
う。また，そのように考えた理由を，太陽の動く方位とかげのでき方を関連づけて説明しましょう。
ただし，この日は晴れていて，太陽は雲にかくれることがなく，図1のベンチのかげは省略されてい
るものとします。

説明	
	ベンチ

花子：ゴムの力で走る車について学習したね。
太郎：部品をいろいろと変えると，車が走るきょりはどんなふうに変わるのかな。

図2

※

（2）　図2のような輪ゴムの力で走る車を2台つくって，部品のちがいによって走るきょりがどの
ように変わるのか調べようと思います。車をつくるための部品のうち，選べる部品は図3にある，
形がちがう車体，はばがちがうタイヤ，大きさがちがういすだけで，それぞれから1つずつ選ん
でつくります。部品の種類と走るきょりにはどのような関係があるか，1種類の部品に着目して
予想しましょう。また，その予想を確かめるために必要な部品を，2台それぞれについて図3
のア～カの記号で答えましょう。ただし，車体の形，タイヤのはば，いすの大きさ以外の条件は
2台ともすべて同じで，すべての部品は2台分用意されているものとします。

予想	予想を確かめる2台の部品		
		車体	タイヤ	いす
	1台目			
	2台目			

図3

すべての部品は2台分用意されています。

太郎：ものの温まり方を学習したね。
花子：飲み物によって温まり方や冷め方にちがいがあるのかな。

※

（3）　コーンスープと水をそれぞれ温めたときと冷ましたときに，図4のように液体の上部と下部の温度をはかりました。図5は液体
をビーカーの底から温めたときの温度変化，図6は液体を冷ましたときの温度変化を示しています。図5と図6のグラフから，水
の温度変化の特ちょうと異なるコーンスープの温度変化の特ちょうを答えましょう。また，温めたときにそのような特ちょうにな
る理由を説明しましょう。ただし，コーンスープにはトウモロコシなどのつぶは入っていないものとします。

図4　温度のはかりかた

図5　温めたときの時間と温度の関係

図6　冷ましたときの時間と温度の関係

特ちょう	説明

2※

課題2　太郎さんと花子さんのクラスではカメを飼育することになりました。あとの（1）～（3）に答えましょう。

太郎：カメを運ぶためにバケツを用意したよ。
花子：どのくらいの大きさかな。

図1

※　（1）　図1は，カメを運ぶために用意したバケツです。バケツの上側の円の直径は
　　　　　26cm，下側の円の円周は55cmでした。このとき，上側の円の円周と下側の円の
　　　　　直径をそれぞれ答えましょう。ただし，バケツの厚みは考えないものとします。
　　　　　また，円周率は3.14として，小数第2位を四捨五入して，小数第1位までの
　　　　　がい数で答えましょう。

上側の円の円周　約	cm	下側の円の直径　約	cm

太郎：カメが休めるように水そうに階段を入れようよ。
花子：そうだね。どんな階段がいいかな。

※　（2）　太郎さんたちは図2のような3段の階段を作る計画をしました。図2の立体の表面積が4100cm²になるとき，色の
　　　　　ついた（き）の面の面積を答えましょう。また，このとき考えられるb，cの長さの組み合わせの中から，1つを選んで
　　　　　答えましょう。さらに，その面積や長さをどのように求めたのかも説明しましょう。ただし，（あ）～（か）の面はすべて
　　　　　長方形で，階段の各段の高さはすべて同じ高さとし，a，b，cの長さはすべて整数とします。また，図2の階段は，
　　　　　どのとなり合う面も垂直で，すべて面で囲まれた立体であるとします。

説明

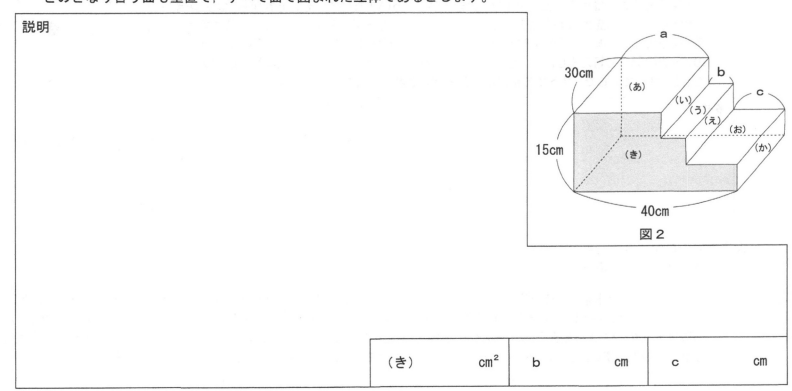

図2

（き）　　　cm²	b　　　cm	c　　　cm

太郎：この階段だとカメが上がりにくいかな。
花子：段数を増やして1段の高さも低くしたほうがカメが上がりやすそうね。

※　（3）　図3は太郎さんたちが作った階段です。階段の5段目の面はた
　　　　　て30cm，横20cmの長方形で，各段の高さはすべて同じ高さとし，
　　　　　dの長さはすべて等しいとします。このとき，dの長さを答えま
　　　　　しょう。
　　　　　　また，この階段を，水が入っているたて40cm，横90cm，高さ
　　　　　45cmの水そうに入れたところ，水面の高さは階段の下から2段目
　　　　　の面の高さと同じになりました。階段を入れる前に水そうの底か
　　　　　ら何cmの高さまで水が入っていたかを答えましょう。ただし，小
　　　　　数第2位を四捨五入して，小数第1位までのがい数で答えましょ
　　　　　う。図3の階段は，どのとなり合う面も垂直で，すべて面で囲ま
　　　　　れた立体であるとし，階段のたて30cm，横50cmの長方形の底面
　　　　　はすべて水そうの底につくこととします。

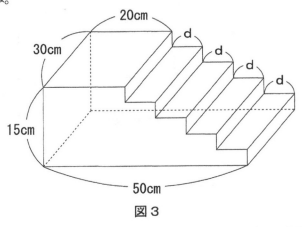

図3

d　　　cm	階段を入れる前の水面の高さ　約　　　cm

受検番号		1※	2※	3※	※70点満点 （配点非公表）

課題1 太郎さんと花子さんは，先日のお楽しみ会をふり返って話をしています。あとの（1）～（3）に答えましょう。

太郎：昼食はピザにしておいてよかったね。

花子：そうだね。みんながそれぞれ好きな大きさに切り取ることができたよね。

※ （1） 太郎さんたちは1枚の大きなピザを用意しました。太郎さんはそのピザから $\frac{1}{5}$ の大きさを切り取りました。そして花子さんは，残りのピザから太郎さんが切り取った大きさの半分の大きさを切り取りました。さらに進さんが，残りのピザから太郎さんが切り取った大きさの3倍の大きさを切り取りました。このとき，残っているピザの大きさは，はじめにあったピザの大きさの何倍になっているか答えましょう。

倍

太郎：数字当てゲームはどうだった。

花子：カードに書かれている数字からいろいろなことがわかって楽しかったよ。

※ （2） ⓪，①，②，③，④，⑤，⑥，⑦，⑧の9枚のカードがあります。これらのカードを太郎さん，花子さん，進さんの3人に，それぞれ3枚ずつカードが余らないように配りました。その結果，表1のようなことがわかりました。このとき，3人が持っているカードの数字の組み合わせとして考えられるものを1つ選んで答えましょう。

表1　それぞれが持っているカードの数字からわかったこと

太郎	3つの数字がすべて偶数で，3つの数字の積が0になる。
花子	3つの数字の積が21の倍数で，3つの数字の和は奇数になる。
進	3つの数字の積の一の位の数字が0で，3つの数字の積を3でわるとわり切れる。

解答らん

太郎のカード

花子のカード

進のカード

花子：お菓子や飲み物を午前中に買ってきてくれていたからよかったよ。

太郎：広告を事前に見ておいたから計画どおりの買い物ができたよ。

※ （3） 太郎さんは，1500円を持って自転車で買い物に出かけました。図1は2つの商店の広告で，図2は太郎さんの家，商店，ケーキ屋間のそれぞれの道のりを示したものです。太郎さんは午前10時に家を出て，商店ではスナック菓子を3袋とジュースを2本買い，ケーキ屋では300円のケーキを3個買ってその日の午前11時までに家に帰ってきました。このとき，買い物をした店の順番として考えられるものを1つ選んでAからDの記号で答えましょう。また，どのようにして求めたのかも説明しましょう。ただし，自転車は分速200mで一定の速さで走ったものとして，商店での買い物には15分，ケーキ屋での買い物には5分かかったものとします。また，買い物をしたときの消費税は考えないものとします。

説明

太郎さんの家　→　　　→　　　→　太郎さんの家

商店Aの広告

定価
スナック菓子1袋　・・・　100円
ジュース1本　・・・　180円

本日のタイムセールは30分間！
午前10:00～10:30の間に買い物をすませれば
全品定価の2割引き！

商店Bの広告

定価
スナック菓子1袋　・・・　120円
ジュース1本　・・・　200円

本日のタイムセールは30分間！
午前10:30～11:00の間に買い物をすませれば
全品定価の30%引き！

図1

図2

令和４年度

岡山県立岡山操山中学校　　適性検査Ⅰ

【注意】

・　この検査は，文章を読んで，太字で書かれた課題に対して，答えやあなたの考えなどをかく検査です。課題ごとに，それぞれ指定された場所にかきましょう。

・　検査用紙は，表紙（この用紙）をのぞいて，３枚あります。指示があるまで，下の検査用紙を見てはいけません。

・　「始め」の合図があってから，検査用紙の枚数を確かめ，３枚とも指定された場所に受検番号を記入しましょう。

・　検査用紙の枚数が足りなかったり，やぶれていたり，印刷のわるいところがあったりした場合は，手をあげて先生に知らせましょう。

・　検査用紙の ┃ ※ ┃ には，何もかいてはいけません。

・　この検査の時間は，４５分間です。

・　表紙（この用紙）と検査用紙は，持ち帰ってはいけません。

・　表紙（この用紙）の裏を，計算用紙として使用してもよろしい。

受検番号	

課題3 太郎さんたちは，食料生産や工業生産について学んだことから，国内における貨物の輸送について調べ学習を行っています。あとの会話文を読んで，（1）～（3）に答えましょう。

太郎：貨物の輸送手段別の割合を示している**資料1**を見つけたよ。輸送トン数は，輸送した貨物の重量を表しているよ。でも，輸送トンキロとは何だろう。

花子：調べてみると，輸送トンキロは，貨物の輸送の規模を表す目安として使われていて，**資料2**に示した式で計算したものだよ。

次郎：輸送トン数と輸送トンキロの割合を比かくすると，ちがいがあるね。

（1）　輸送トン数と輸送トンキロの割合を比かくすると，トラックと船の割合が大きくちがうのはなぜですか。その理由として考えられることを船による輸送に注目して書きましょう。

※

資料1　貨物の輸送手段別の割合（令和元年度）

輸送トン数			
トラック	鉄道	船	飛行機
91.8%	0.9%	7.2%	0.0%

輸送トンキロ			
トラック	鉄道	船	飛行機
52.9%	4.9%	42.0%	0.2%

（国土交通省資料から作成）

資料2　輸送トンキロの計算式

輸送した貨物の重量(t) × 輸送したきょり(km)

次郎：日本の1年間の平均気温が100年前より1℃以上高くなっているというニュースを見たよ。未来のために，地球温暖化対策の1つとして貨物の輸送を工夫できないかな。

太郎：貨物の輸送手段別の二酸化炭素はい出量を示した**資料3**から，二酸化炭素のはい出量を減らすことが考えられそうだね。

花子：**資料3**に加えて，トラックのハイブリッド車の台数の変化がわかる**資料4**も使って考えてみよう。

資料3　貨物の輸送手段別の二酸化炭素はい出量（令和2年度）

※g-CO₂/トンキロは，貨物1tを1km輸送するときにはい出する二酸化炭素の量。

（国土交通省資料から作成）

資料4　トラックのハイブリッド車の台数

※H：平成　R：令和
※トラックのハイブリッド車は，主に軽油で動くエンジンと電力で動くモーターを組み合わせて走行する。

（自動車検査登録情報協会資料から作成）

（2）　二酸化炭素のはい出量を減らすためには，貨物の輸送についてどのような工夫が考えられますか。資料3，4のそれぞれから読み取ったことを取り上げながら，あなたの考えを書きましょう。

※

太郎：身近な宅配便には，トラックが多く使われているね。

花子：宅配便は，家まで届けてもらえるから便利だけれど，トラックの走行きょりは長くなるね。

次郎：過そ化が進むE地区では，利用者が減少した路線バスの座席の一部を荷台にして，宅配便の荷物を輸送する計画があると聞いたよ。

太郎：トラックの走行きょりを減らすには，よい考えだね。

（3）　**資料5**は，E地区一帯の宅配便にかかわる情報をまとめたものです。現在，トラックは配送センターとE地区の間を1日に2往復して配達を行っていますが，午後便の荷物の輸送に路線バスを活用してトラックの走行きょりを減らすには，どうしたらよいと考えますか。資料5をもとに，次の条件をふまえて，具体的な配達方法を書きましょう。

資料5　E地区一帯の宅配便にかかわる情報をまとめたもの

【現在の配達方法など】

午前 9:00　配送センターを出発し，午前便の配達を開始する

午後12:30　午前便の配達を終えて，配送センターにもどる
　　　　　　※午後便の荷物が，正午に配送センターに届くため

午後 2:00　荷物をのせて，午後便の配達を開始する

午後 5:10　午後便の配達を終えて，配送センターにもどる

○配達地域　E地区までの道中にある家やE地区の家
○配達に使うトラックの台数　1台

バス停E行き 路線バス時刻表	
バス停A発	バス停E着
午前10:30	午前11:00
午後 1:20	午後 1:50
午後 6:10	午後 6:40

〈条件〉　○　路線バスは，バス停Aを始発，バス停Eを終着とし，バス停の位置とバスの出発時刻は変えられないものとします。
　　　　　○　トラックが荷物を届ける時間帯は，午前便（9:00～12:00），または午後便（2:00～5:00）のどちらかに指定されているものとします。
　　　　　○　配送センターからバス停Aの間は，E地区一帯の配達に使うトラックとは別のトラックで運ぶことができます。

※

（3）

この文章を読んだ太郎さんたちは、グループで話し合っています。次は、そのときの【話し合いの様子の一部】です。これを読んで、あなたが花子さんならどのように話しますか。空らんA、B、Cにその内容を書きましょう。ただし、（、や。や「」なども一字に数えます。）

空らんAは二十字以内、空らんBは二十五字以内、空らんCは四十字以内で書きましょう。

【話し合いの様子の一部】

太郎 ──線部イ「隠された宝物には出会えない」とあるけれど、実際にはどうすれば、出会うことができるのかな。

次郎 「はじめての表現の手触りを確かめたり」や、「あたりまえの言葉の底をのぞいたり」と書かれているけれど、どういうことなのかな。

花子 今まで使ったことのない言葉を使ってみたりすることや、 A ことだと思うよ。

太郎 そうだね。さらに、──線部ウ「文学は実学である」と書いてあるけれど、「実学」ってどういう意味かな。

次郎 辞書を引いてみると、実学とは「社会生活で実際に役立つ学問」と書いてあるよ。

太郎 なぜ、文学は社会生活の中で役に立つのかな。

花子 その理由は、文章から読み取れるよ。文学作品を読むことで、 B に気づかされて、現実では出会えないことを深く体験できるよ。そして、 C ことで、先の見えない世界を乗り越えていけるのだと思うよ。

太郎 そういうことか。だから、ぼくたちはこれからも色々な文学作品を読んでいく必要があるね。

A 二十字

20字

B 二十五字

25字

C 四十字

40字

課題2 あなたがこれまでに受けた教科の授業の中で、実際の生活場面で役立った学習内容は何ですか。また、それはどのように役立ちましたか。生活場面を一つ取り上げ、次の条件に合わせて具体的に書きましょう。

〈条件〉
○ ここでいう教科とは、国語・社会・算数・理科・音楽・図画工作・家庭・体育・外国語・道徳を指します。全ての教科を取り上げる必要はありません。
○ 二百字以内で書きましょう。（、や。や「」なども一字に数えます。）
○ 一マス目から書き、とちゅうで行を変えないで、続けて書きましょう。

200字

100字

課題1　次の文章は、文学作品（詩・物語）を読む意味について書かれている『国語をめぐる冒険』の一部です。この文章を読んで、（1）から（3）に答えましょう。

コンフォート・ゾーン（comfort zone）という＊1概念があります。心理学の用語で、コンフォート・ゾーンは快適、ゾーンは領域。自分にとって快適で慣れた環境をいいます。そこにいるとストレスがなくて楽。でも成長もない。そんな状況です。

人が成長するためには、少しだけ背伸びが必要です。その領域はストレッチ・ゾーンと呼ばれます。自分を拡張させる経験を繰り返して、少しずつ成長していくのです。

これは言葉にも当てはまります。使い慣れた言いかたで満足していると、伝える力は伸びないし、言葉の奥にある感情や思考にも気づけない。はじめての表現の手触りを確かめたり、あたりまえの言葉の底をのぞいたりしなければ、イ隠された宝物には出会えないということです。

そんなふうに言葉と＊2四つに組んで格闘するうちに、しっくりしなかったものが思いがけず＊3腑に落ちたり、もっとふさわしい言いかたを見つけたりできるでしょう。その瞬間から、言葉がいきいきと動き出し、あなたの一部になるのです。

最後に、もう一つだけ大切なことをお伝えします。言葉を通して出会うのは、自分の心だけではありません。心のうつわを、より大きく、より深く、より豊かにするためには、他者の心を体験することも欠かせません。

それについて、詩人の荒川洋治さんの『読むので思う』の一節を紹介させてください。

本を読むと、何かを思う。本など読まなくても、思えることはいくつかある。だが本を読まなかったら思わないこととはたくさんある。人が書いた作品のことがらやできごとはこちらには知らない色やかたち、空気、波長をもつ。いつもの自分にはない思いをさそう。読まないと、思いはない。思いの種類の少ない人になり、そのままに。

（荒川洋治『読むので思う』）

ウ「文学は実学である」とぼくは思う」（同書「文学談義」）とも言っています。（中略）

文学作品の登場人物は、時に驚くべき体験をします。自分の殻をやぶる冒険です。東国へと旅をする＊5『伊勢物語』の男、＊6メロスの行動に心打たれて改心する王、虎になって苦悩する＊7李徴など、そのような主人公に自分のどこかが重なります。ほかの人はこう考えるのかと目を開かされます。文学を読むと、現実では＊8遭遇できないことを深く体験できるのです。

「文学は実学である」、たしかに、そう思います。長く読みつがれてきた名作は、表からも裏からも、広くも深くも読みこめる。読むたびに新しい発見がある。

冒険の勇者が旅をするのは、変化し続ける先の見えない世界。正解が一つではない場所で、自分を知り、その時々の状況にふさわしい答えを探しながら進んでいきます。そこで味方になるのは、身を守ったり、謎を解いたり、壁を壊したり、情報を得たり、現実を変えたり、七変化する言葉です。その武器をしっかり携えて、自分を鍛えあげていく。そうすれば、目の前に広がる世界がどんなものでも乗り越えていけるでしょう。

（平野多恵著「言葉で心を知る」『国語をめぐる冒険』所収　岩波ジュニア新書から）

ほかの人が書いたものを読むと、自分になかった思いが＊4誘発されるというのです。

荒川さんは「すぐれた文学作品は、想像と思考の力を授けてくれる。人の心をつくる。人間の現実にはたらきかける。

＊1　概念…考え方
＊2　四つに組んで…正面から向き合って
＊3　腑に落ちたり…納得できたり
＊4　誘発…あることがきっかけとなって、ほかのことを引き起こすこと
＊5　『伊勢物語』の男…平安時代の古典『伊勢物語』の主人公
＊6　メロス…太宰治の小説『走れメロス』の主人公
＊7　李徴…中島敦の小説『山月記』の主人公
＊8　遭遇…思いがけず出会うこと

（1）＝＝＝「七変化」は二字熟語の上に一字の語を加えた漢字三字の熟語です。これと同じ構成の熟語のうち、一字の語に漢数字を使わない漢字三字の熟語を二つ書きましょう。ただし、「小学校」と「小道具」や、「小学校」と「中学校」のように、同じ語を二回使ってはいけません。また、「漢」「数字」「小」「学校」「道具」「中」も使ってはいけません。

（2）――線部ア「でも成長もない」とありますが、「コンフォート・ゾーン」で人が成長しないのはなぜですか。――線部アに続けて、十五字以内で説明しましょう。（「、」や「。」なども一字に数えます。）書き出しの言葉に続けて、

快適で慣れた環境では、

15字

令和五年度

岡山県立中学校及び岡山県立中等教育学校　　適性検査Ⅱ

【注意】

・　この検査は、文章や資料を読んで、太字で書かれた課題に対して、答えやあなたの考えなどをかく検査です。課題ごとに、それぞれ指定された場所にかきましょう。

・　検査用紙は、表紙（この用紙）をのぞいて三枚あります。指示があるまで、下の検査用紙を見てはいけません。

・　「始め」の合図があってから、検査用紙の枚数を確かめ、三枚とも指定された場所に受検番号を記入しましょう。

・　検査用紙の枚数が足りなかったり、やぶれていたり、印刷のわるいところがあったりした場合は、手をあげて先生に知らせましょう。

・　検査用紙の　※　には、何もかいてはいけません。

・　この検査の時間は、四十五分間です。

・　表紙（この用紙）と検査用紙は、持ち帰ってはいけません。

3※

課題3　次の（1）～（3）に答えましょう。

※

（1）　次のような計算プログラムがあります。計算結果が20となるとき元の数にあてはまる整数を1つ答えましょう。

―――――― 計算プログラム ――――――

| 元の数 | 3をかける | | 4をたす | | 一の位の数字を四捨五入する | 20 |

元の数にあてはまる整数

※

（2）　図1のような，一部が欠けている木材があります。この木材を何枚かに切り分け，その中の5枚を使って，容積が44cm³以上になるふたのない直方体の容器をつくろうと思います。このとき，できる容器について，【かき方の例】にしたがって切り分け方とその容積を1つ答えましょう。ただし，木材を切り分けるときには点線にそってしか切れず，木材の厚みは考えないものとします。

図1

【かき方の例】

切り分ける線は，左のようにかく。

使わない部分には，しゃ線を入れる。

切り分け方

できた容器の容積	cm³

※

（3）　太郎さんと花子さんは，4月から12月までの毎月の図書館を利用した人数を調べ，4月から8月までをグラフ1に表しました。次に，図書館を利用した人数の月ごとの割合を前の月をもとにして計算し，グラフ2とグラフ3を作成したところ，グラフ2にまちがいがあることに気づきました。グラフ2の点ア～エの中からまちがっている点をすべて選び，記号で答えましょう。また，その記号を選んだ理由を，言葉や式を使って説明しましょう。さらに，12月に図書館を利用した人数を答えましょう。

グラフ1
月ごとの図書館を利用した人数

グラフ2
前の月をもとにした図書館を利用した人数の割合（5月から8月）

グラフ3
前の月をもとにした図書館を利用した人数の割合（9月から12月）

記号	
説明	

12月に図書館を利用した人数	人

受検
番号

2※

課題2　次の（1）～（3）に答えましょう。

※

（1）　図1は，ある日の夕方，西の空に見えた月の形です。また，図2は，教室の中で電灯の光をボールに当てて，その見え方から月の満ち欠けについて実験しているときの様子を天井（てんじょう）から見たものです。観察する人から見てボールが図1の月の形に見えるのは，ボールを図2のア～クのどこにおいたときに近いか記号で答えましょう。

図1　西の空に見えた月の形　　　　図2　実験の様子

ボールの位置

※

（2）　図3のような，ふりこAとふりこBをつくりました。ふれはばを同じにして，2つのふりこをそれぞれふるとき，1往復する時間はどのようになりますか。次のア～ウから選び，記号で答えましょう。また，そのようになる理由を具体的な数値（すうち）を使って説明しましょう。
　ア　ふりこAの方が1往復する時間は短い。
　イ　ふりこBの方が1往復する時間は短い。
　ウ　どちらのふりこも1往復する時間は同じになる。

記号

説明

図3　2つのふりこ

※

（3）　ジュースの入ったコップに氷を入れ重さをはかると，はかりの表示は500gでした。そのまま室内にしばらく置いておくと，はかりの表示が変化していました。不思議に思った太郎さんは，時間とともに重さがどのように変化するかを調べるために氷水で実験することにしました。気温27℃の室内で，5分ごとに図4のはかり方で変化した重さを記録し，グラフにまとめました。図5は，はかり始めてからの時間と変化した重さの関係を表したグラフです。変化した重さが図5のグラフのようになった理由を答えなさい。ただし，氷はとけて水になってもその重さは変わりません。

図4　重さのはかり方

図5　はかり始めてからの時間と変化した重さの関係

説明

| 受検番号 | | 1※ | 2※ | 3※ | ※70点満点（配点非公表） |

課題１ 太郎さんと花子さんは，○△クリーンセンターへ見学に行ったときの取材メモをもとに，ごみの処理について話し合っています。取材メモ１と取材メモ２を見て，次の（１）〜（３）に答えましょう。

太郎：○△市では，リサイクルがさかんであると言われていたね。
花子：令和４年度は，岡山県のリサイクル率の目標を達成したいとも言われていたね。

※ （１） ○△市の令和３年度のリサイクル率は30％でした。○△市が，岡山県のリサイクル率の目標と等しくなるには，１人あたり１日あと何ｇのごみをリサイクルすればよかったでしょうか。

| １人あたり１日あと | | ｇ |

花子：たくさんのごみを焼きゃくするのは大変な作業だよね。
太郎：効率よく焼きゃくするためには，どんなことが必要だったかな。

※ （２） ふたのない空き缶の中に木を入れて燃やします。図１のように，側面の穴の位置だけがちがう２種類の空き缶を用意し，空き缶に入れる木の入れ方を変えるとき，木が最も勢いよく燃える組み合わせになるように，図１の①，②と，図２のア，イからそれぞれ１つずつ選びましょう。また，その組み合わせが最も勢いよく燃えると考えた理由を，「空気」という言葉を使って説明しましょう。

ここを開け，火をつけた後閉める

① 上　② 下

図１　穴を開ける位置

木
ア　間をあけて入れる　イ　すき間なく入れる

図２　木の入れ方

| 最も勢いよく燃える組み合わせ | と |
| 説明 | |

花子：大量のペットボトルが資源ごみとして運びこまれていたね。
太郎：積み上げられたすべてのベールには，おし固められた空のペットボトルが約８万本ふくまれているって言われていたけれど，そんなにあるようには見えなかったよ。
花子：メモにある情報をもとに，どのくらいの本数があるか確かめられないかな。

※ （３） 取材メモ２の図３は，ベールが積まれている様子をスケッチしたもので，１つの直方体が１つのベールを表しています。ベール１つの重さをすべて190kgとしたとき，図３のすべてのベールには，空の500mLと２Lのペットボトルがあわせて何本おし固められているか答えましょう。また，どのようにして求めたのかも説明しましょう。

説明	
	空の500mLと２Lのペットボトルがあわせて 　　　　本

取材メモ１　10月20日　　　太郎

〈○△クリーンセンターの特ちょう〉
・ごみの焼きゃく処理能力は，１日39トン。
・えんとつの高さは100m。ごみをよく燃やす働きがある。
・○△市は，岡山県内でもリサイクルがさかんである。たくさんの資源ごみ（ペットボトル，ビン類など）を回収している。

〈ごみの量について〉
・令和３年度に○△市で回収された１人あたりの１日のごみの量は960g。
・リサイクル率は，回収された全体のごみの量に対するリサイクルされた量の割合で計算できる。
・岡山県のリサイクル率の目標は33％。令和元年度の岡山県のリサイクル率は47都道府県中１位。

取材メモ２　10月20日　　　花子

〈ペットボトルのリサイクルについて〉
・回収された空のペットボトルは，運びやすいように「ベール」という直方体の形におし固められる。
・○△クリーンセンターでは，ベールはくずれないようにぴったり重ねて積み上げている。
・ベール１つの重さは約190kg。
・空の500mLのペットボトル１本の重さは30g。
・空の２Lのペットボトル１本の重さは50g。
・○△クリーンセンターに持ちこまれる500mLのペットボトルの本数は，２Lのペットボトルの本数の5倍。
・ベールは細かくくだかれて，製品の原料になる。

１つのベール

かべ　かべ
ゆか

図３　ベールが積まれている様子

令和５年度

岡山県立中学校及び岡山県立中等教育学校　　適性検査Ⅰ

【注意】

・　この検査は，文章を読んで，太字で書かれた課題に対して，答えやあなたの考えなどをかく検査です。課題ごとに，それぞれ指定された場所にかきましょう。

・　検査用紙は，表紙（この用紙）をのぞいて，３枚あります。指示があるまで，下の検査用紙を見てはいけません。

・　「始め」の合図があってから，検査用紙の枚数を確かめ，３枚とも指定された場所に受検番号を記入しましょう。

・　検査用紙の枚数が足りなかったり，やぶれていたり，印刷のわるいところがあったりした場合は，手をあげて先生に知らせましょう。

・　検査用紙の　※　□　には，何もかいてはいけません。

・　この検査の時間は，４５分間です。

・　表紙（この用紙）と検査用紙は，持ち帰ってはいけません。

・　表紙（この用紙）の裏を，計算用紙として使用してもよろしい。

課題3 太郎さんたちは、地域の産業について、調べ学習を行っています。あとの会話文を読んで、（1）～（3）に答えましょう。

太郎：市役所のホームページには、漁業がこの地域を代表する産業だとしょうかいされていたけれど、ほかに情報を集めるよい方法はないかな。

花子：漁師さんに直接、話を聞いてみてはどうかな。

次郎：漁師さんに話を聞く前に、図書館で情報を集めて、漁師さんに質問することを考えようよ。私が地図を使って図書館まで案内するよ。

（国土地理院地図をもとに一部改変して作成）

文 小学校
□ 図書館
Ħ 神社
卍 寺院
⊕ 病院
✕ 交番
⊕ 郵便局

（1）　あなたが次郎さんなら、どのように道案内しますか。次の条件をふまえて、右の地図中のアから図書館まで歩くコースを文章の書き出しの言葉に続けて書きましょう。

〈条件〉 ○ 進む方向は、方位を使って示すこと。また、進む方向が変わるときは、目印になる地図記号の建物の名前と進む方位を示すこと。
　　　　○ 進むきょりは、地図中の縮尺を使って、百の位までのがい数で示すこと。

※

地図中のアから

太郎：集めた情報をもとに、漁師さんに質問したから、たくさん話を聞くことができたね。

花子：漁師さんの「海と森林は深い関係がある」という言葉が印象に残ったよ。

次郎：図書館で見つけた**資料1**と**資料2**は、漁師さんの言葉とつながっているようだね。

（2）　海と森林の関係について、資料1と資料2から読み取ったことをそれぞれ書きましょう。また、資料1と資料2のそれぞれから読み取ったことをふまえて、森林が漁業にあたえるえいきょうについて、あなたの考えを書きましょう。

※

資料1から読み取ったこと

※

資料2から読み取ったこと

※

森林が漁業にあたえるえいきょう

資料1 川ごとの河口域※1に生息している絶めつ危ぐ魚種の数※2と流域※3が森林におおわれている割合

（国立環境研究所資料をもとに作成）

※1 河口域…川が海につながっている地域
※2 絶めつ危ぐ魚種の数…地球上からいなくなる危険性が高い魚の種類の数
※3 流域…川に水が流れこむはん囲

資料2

（海洋政策研究所資料をもとに作成）

太郎：新聞記事（**資料3**）に、森林を守るための森林環境税のことがのっていたね。

花子：森林を守るには、教科書で学習した**資料4**の状きょうも考えておく必要があるね。

次郎：森林環境税で集めたお金をどのように使うと森林を守ることにつながるかな。

資料3　新聞記事

森林環境税
使い道が問われる

森林を守るための新しい税が2024年度から導入される。一定の収入がある人を対象に、1人当たり年間千円をその他の税とあわせて集める「森林環境税」である。導入の背景の一つには、森林の手入れが行き届いていないことを原因とした土砂災害が相次いでいることがある。各市町村の森林整備にあてる※財源を安定的に確保し、対策を急ぐべきだと判断した。森林を守るために有効な解決策は何か、長期的な視野に立って知恵をしぼりたい。

※財源…お金のでどころ

（3）　資料3の森林環境税で集めたお金をどのようなことに使い、その使い方によって何ができるようになると考えますか。資料4をふまえながら、具体的にあなたの考えを書きましょう。

※

資料4 日本国内の林業で働く人の数とそのうち65才以上がしめる割合

	林業で働く人の数	65才以上の割合
1985年	126,343人	10%
1995年	81,564人	23%
2005年	52,173人	27%

（林野庁資料をもとに作成）

2※

※

資料【言葉や言葉の使い方に関する自分自身の課題】

問い「あなたは言葉や言葉の使い方について、自分自身にどのような課題があると思いますか」

（%）

項目	内容	割合
A	改まった場で、ふさわしい言葉づかいができないことが多い	63.5
B	敬語を適切に使えない	46.4
C	漢字で書くべきか仮名で書くべきか、適切に判断できない	27.1
D	自分とちがう意見や考え方を見聞きすると、つい感情的に反応してしまう	20.8
E	年れいがはなれた人に意味が通じるか気にせず発言してしまう	15.7
F	流行語や新しい言葉を使い過ぎてしまう	8.2
G	インターネットで、つい感情的な発言・反応をしてしまう	2.2

文化庁「令和3年度『国語に関する世論調査』から作成」

課題2　次の資料は【言葉や言葉の使い方に関する自分自身の課題】を調査した項目の一部です。この資料にある項目の中で、あなた自身は言葉や言葉の使い方をより良くするためにどのようなことに気をつけたいですか。項目A〜Gの中から一つ選び、そのアルファベットを 　 に書き、選んだ理由と、今後どのようなことに気をつけたいかについて、次の条件に合わせて具体的に書きましょう。

〈条件〉
○ 書き出しの言葉に続けて二百字以内で書くこと。（ 、 や 。 や 「 」 なども一字に数える。）
○ 一マス目から書くこと。また、とちゅうで行を変えないこと。

私は 　 を選びました。なぜなら、

140字

200字

（2）【話し合いの様子の一部】を読んで、あなたが次郎さんならどのように話しますか。空らんAに入る内容を十五字以内で書きましょう。（ 、 や 。 や 「 」 なども一字に数えます。）

※　A　15字

（3）【話し合いの様子の一部】を読んで、あなたが花子さんならどのように話しますか。空らんB、C、Dに入る内容を書きましょう。ただし、空らんBは二十字以内、空らんCは三十字以内、空らんDは三十五字以内で書きましょう。（ 、 や 。 や 「 」 なども一字に数えます。）

※　B　20字

※　C　30字

※　D　35字

課題1　太郎さんの学級では、自分の好きな本をしょうかいする活動を行うことにしています。次の文章は、太郎さんの【しょうかいしたい本の一部】です。太郎さんのグループでは、この本の【しょうかいカード】を作成して、学級の他の友だちに伝えたいことについて話し合っています。これらを読んで、（1）から（3）に答えましょう。

【しょうかいしたい本の一部】

コオロギとムカデがこんな会話をしていたそうです。

「ムカデさんは個性的ですよね」

コオロギにそう言われ、ムカデはビックリして聞き返します。

「えっ、僕が個性的ですって？」

「だって、そんなにたくさんある脚を全部使って歩いているわけでしょう。それこそがムカデさんらしさですよ。それにしても、たくさんのムカデの脚を、はて、僕は自分の脚をどんな順番でどのように動かして歩くんですか？」

そう聞かれたムカデは、はて、僕は自分の脚をどのように動かしているんだっけ、と考えこんでしまいました。そして考えすぎてわからなくなって、動けなくなってしまいました。

若い人を見ていると、同じようなことを感じることがあります。自分の個性って何だろう、自分の個性って何だろうと考えすぎてしまうのです。

自分の個性について考えれば考えるほど身動きがとれなくなってしまう。

いまの世の中には「自分らしく生きなければならない」「自分の個性を発揮できるような仕事を選ばなければならない」といった＊1妙な圧力があるように思います。私はこれを「自分らしさの＊2呪縛」と呼んでいます。

仕事を選ぶときにも「これが本当に自分らしい仕事なのか」という考えにとらわれてしまって、何をしていいかわからない。そんな悩みかもしれないと思い始めることもあります。

もちろん自分の個性を理解した上で、それに合った仕事に就くことができればいいかもしれません。でも仕事というのは、やってみなければわからないところがあります。1年、2年と続けていくうちに、この仕事は好きかもしれないな、これが天職かもしれないと思い始めることもよくあります。

それに人間は一生成長していく生き物です。ある時点の自分の自分らしさに基づいて仕事を決めようとしても、仕事に磨かれたり、いろいろな人と出会うことで自分らしさは変化していきます。

私が皆さんにお伝えしたいことは、自分らしさというものを焦って探し求めなくてもいいということです。たとえ人と同じことをやっていても自然とにじみ出てくるもの、それが個性であり、自分らしさです。あなたがどんな生き方をしようが、どんな仕事を選ぼうが、自然に立ち表れてくるもの、それがあなたらしさであり、あなたの個性なのです。

（野口嘉則著『自分を好きになれない君へ』から）

＊1　妙な・・・不思議な、変な。
＊2　呪縛・・・心理的に人の心の自由を失わせること。

【話し合いの様子の一部】

花子　しょうかいカードの──線部（ア）「ムカデのたとえ」って何のことかわかるかな。

次郎　何をたとえているか説明した方がいいかもしれないね。「 A 」の姿が、動けなくなっているムカデの姿にたとえられているよね。

花子　なるほど。この本を読みたくなるかもしれないね。

太郎　タイトルを『自分らしさとは？』としたけれどどうかな。私は、これから天職を見つけるには自分らしさがカギとなると思ったからそうしたんだ。

次郎　そうだね。天職って天から与えられた職・仕事のことだよね。 B によって、自分らしい仕事かどうかわからなくても、自分らしい仕事が見つかることもある、という筆者の考えを伝えてみてはどうかな。

太郎　そうだね。ところで、どうして──線部（イ）『自分らしさ』についてなやんでいる人へのヒントになる」と思ったんだ。

花子　個性について、「いまの世の中の考え方」と「筆者が伝えたいこと」とでは、対照的になっているから、なやみを解決するきっかけになると思ったんだ。

太郎　いまの世の中では、個性は C になっているのに、筆者は、個性を D もの と表しているよね。

花子　そうか。花子さんの意見を本をしょうかいするときに必ず伝えよう。

【しょうかいカード】

「自分らしさ」とは？

野口嘉則　「自分を好きになれない君へ」

●おすすめポイント
①コオロギと（ア）ムカデのたとえがあってわかりやすい。
②（イ）「自分らしさ」についてなやんでいる人へのヒントになる。

（1）読書好きな人のことを「本の虫」ということがあります。このように「虫」の字を使った人の様子や感情をたとえている表現や、ことわざ・慣用句のうち、「虫」で終わるものと「虫」から始まるものを一つずつ書きましょう。ただし、「本の虫」はのぞきます。

令和六年度

岡山県立中学校及び岡山県立中等教育学校　適性検査Ⅱ

【注意】

・　この検査は、文章や資料を読んで、太字で書かれた課題に対して、答えやあなたの考えなどをかく検査です。
課題ごとに、それぞれ指定された場所にかきましょう。

・　検査用紙は、表紙（この用紙）をのぞいて三枚あります。指示があるまで、下の検査用紙を見てはいけません。

・　「始め」の合図があってから、検査用紙の枚数を確かめ、三枚とも指定された場所に受検番号を記入しましょう。

・　検査用紙の枚数が足りなかったり、やぶれていたり、印刷のわるいところがあったりした場合は、手をあげて
先生に知らせましょう。

・　検査用紙の　　※　　には、何もかいてはいけません。

・　この検査の時間は、四十五分間です。

・　表紙（この用紙）と検査用紙は、持ち帰ってはいけません。

課題3　次の（1）～（3）に答えましょう。

※

（1）　あるお店で、1個80円のパンを100個仕入れました。そのパンを1個100円ではん売
したところ、65個売れました。仕入れたパンをすべて売るために、1個あたりの値段を
下げて、残りのパンを売ろうと思います。パンをすべて売り切ったときの利益を1650円に
するためには、残りのパンを1個あたりいくらで売ればよいか答えましょう。ただし、消費
税は考えないものとします。

円で売ればよい。

※

（2）　保健委員である太郎さんと花子さんは、保健室について話をしています。

仕切りの様子

太郎：保健室にけがをした人や体調が悪くなった人が続けて来ることがあるから、仕切りを
立てると、その後ろで落ち着いて手当てを受けることができるようになるね。
花子：どれくらいのはん囲が見えなくなるのかな。

　太郎さんたちは保健室の中の仕切りの場所を決めて、保健室を真上から見た様子を図1のようにかきました。太郎さんは、点Pと
点Qの位置に立ち、仕切りの方向を見たときに見えなくなるゆかのはん囲についてそれぞれ調べることにしました。
　太郎さんが点Pに立ったときに見えなくなるゆかのはん囲あを図2のように表しました。
太郎さんが次に点Qに立ったときに見えなくなるゆかのはん囲いを、図2の表し方にした
がって解答らんの図3にかきましょう。また、あといの面積を比べるとどのようになりま
すか。次のア～ウから記号を選び、その理由を言葉や式を使って説明しましょう。ただし、
仕切りはゆかに垂直に立て天井まであるものとし、厚みは考えないこととします。

ア　あの面積の方が大きい。
イ　いの面積の方が大きい。
ウ　あといの面積は等しい。

図1

図2　点Pに立つとき、見えなく
　　　なるゆかのはん囲あ

図3　点Qに立つとき、見えなく
　　　なるゆかのはん囲い

解答らん
記号　　　　　説明

※

（3）　太郎さんの家に、親せきにももを送ったときの宅配業者のレシートがありました。太郎さんは、図4の同じ宅配業者の6枚のレ
シートのうち、3枚のレシートを見て、重さ（kg）、きょり（km）、料金（円）のうち、比例の関係になっている2つの数量の組み合
わせがあることを見つけました。あなたが太郎さんなら、見つけた組み合わせの1つをどのように説明しますか。解答らんの空らん
に選んだレシート番号とあてはまる言葉を書き、2つの数量が比例の関係になっていると考えた理由を説明しましょう。

レシート①	レシート②	レシート③	レシート④	レシート⑤	レシート⑥
重さ　　5 kg	重さ　　15 kg	重さ　　5 kg	重さ　　20 kg	重さ　　10 kg	重さ　　5 kg
きょり　5 km	きょり　15 km	きょり　40 km	きょり　5 km	きょり　5 km	きょり　10 km
料金　400 円	料金　3600 円	料金　3200 円	料金　1600 円	料金　800 円	料金　800 円

図4

解答らん

レシート番号　　　　　　　　から、　　　　　は　　　　　に比例していることがわかる。

なぜなら、

課題2　次の（1）～（3）に答えましょう。

写真1　　　　写真2

※　（1）　花子さんは、橋をわたっているとき、橋のつなぎ目にすき間が空いていることに気づきました（写真1の矢印の部分）。写真2は、橋のつなぎ目の様子を真上からさつえいしたものです。橋のつなぎ目にすき間が空けられているのは、金属が使われている橋をこわれにくくするための工夫です。その工夫をしている理由となる、ものの温度と体積の関係について説明しましょう。

説明

※　（2）　運動場の土は、つぶの大きさのちがうものが混ざっています。太郎さんは、雨が降った後の運動場を見て、表面に大きいつぶが目立っていることに気づきました。

太郎：昨日運動場の整備をしたばっかりなのに、なぜつぶの大きいものが目立っているのかな。
花子：雨が降ったことと関係があるのかもしれないね。実験して調べてみよう。

　太郎さんと花子さんは、雨が降った後の運動場の表面に大きいつぶが目立つ理由を確かめるために、次のような方法で実験し、実験結果をまとめ考察しました。【考察】の空らん　ア　に入る内容について、つぶの大きさのちがいにふれながらあなたの考えを解答らんに書きましょう。

【実験方法】
① 雨が降る前の運動場の土を用意し、つぶの大きさを観察する。

② ペットボトルで右の図のようなそうちを作り、その土を入れた後、水をそそぐ。

③ 1分後、水のしみこみ方とペットボトルの底にたまった水のようすを観察する。

土
輪ゴム
ガーゼ

図

【実験結果】

水をそそぐ前の土のようす	小さいつぶと大きいつぶが混ざっていた。
水をそそいだ後のようす	・水はゆっくりしみこんだ。 ・にごった水がたまっていた。

【考察】
　ペットボトルの底に、にごった水がたまったという実験結果から、雨が降った後の運動場の表面に大きいつぶが目立つ理由は、

ア

からといえる。

解答らん

※　（3）　太郎さんと花子さんは、植物の葉に日光が当たるとでんぷんが作られることを確かめるために、次のような実験を計画しています。

【実験計画】

	7月24日　夕方	7月25日　朝	7月25日　正午過ぎ
方法	よく日光に当たった8枚のジャガイモの葉（A）に、アルミニウムはくをかぶせて日光を葉に当てないようにする（B）。	4枚の葉のアルミニウムはくをはずし（C）、のこり4枚はかぶせたままにする（D）。正午まで、全体に日光が当たるようにする。	全体をしっかり日光に当てた後、アルミニウムはくをはずしたままの葉（E）にでんぷんがあるか、ヨウ素液を使って調べる。
葉のようす	アルミニウムはくをかぶせる前（A）　　アルミニウムはくをかぶせた後（B）	アルミニウムはくをはずす（C）　　アルミニウムはくをかぶせたまま（D）	アルミニウムはくをはずしたまま（E）　　アルミニウムはくをかぶせたまま（F）

太郎：（E）の葉にでんぷんがあったら、植物の葉に日光が当たるとでんぷんが作られるといえるね。
花子：待って。（E）の葉を調べただけで、それがいえるのかな。

　実験計画を見直すと、植物の葉に日光が当たるとでんぷんが作られることを確かめるには、今の実験計画では不十分であることがわかりました。（A）～（F）のどの葉に対して、何をしなければならないか2つ書きましょう。

（　　　）の葉に対して、（　　　　　　　　　　　　　　　　　　　　　　　　　　　　　　　　　　　）
（　　　）の葉に対して、（　　　　　　　　　　　　　　　　　　　　　　　　　　　　　　　　　　　）

課題1　太郎さんと花子さんは、住んでいる地域を活性化させるために自分たちにできることは何かを考え、地域の自治会の方に相談したところ、次のようなリクエストが届きました。あとの（1）、（2）に答えましょう。

《自治会からのリクエスト》
① 新しい観光スポットとして、駅前の大きな木をイルミネーションでかざってほしい。
② 点灯時間帯は17時から23時までとし、1時間ごとにふん囲気が変わるようにしてほしい。
③ 20時から21時の時間帯は、人通りが多いので、はなやかになるように工夫してほしい。

太郎：ふん囲気が変化するイルミネーションにするには、複数の種類の電球を使いたいね。
花子：理科の授業で3つの電球を図1のようにつないだとき、電流が矢印のように流れたから電球が光ったね。
太郎：この回路にスイッチをつけると、点灯させる電球を変えることができそうだね。

図1

※

（1）太郎さんと花子さんは、3種類の電球A、B、Cを用意し、表1のように点灯させる電球と点灯させない電球の組み合わせを考え、図2のような表1のすべての組み合わせを点灯させることができる回路を作りました。花子さんは、図2の回路のスイッチのうちいくつかを、スイッチから導線に変えても、表1のすべての組み合わせを点灯させることができることに気づきました。使用するスイッチの数を最も少なくするには、同時に何個のスイッチを取り外すことができますか。取り外すことができるスイッチの数を書きましょう。また、その組み合わせのうち1つを記号で答えましょう。

表1　点灯させる電球と点灯させない電球の
　　　組み合わせ（○は点灯する電球）

電球A	○			○		○	○
電球B		○		○	○		○
電球C			○		○	○	○

図2

スイッチの数	
	個
組み合わせ	

太郎：自治会からのリクエストをもとに表2の点灯計画を作って、自治会の方に見てもらったら、追加のリクエストが届いたよ。
花子：自治会からの追加のリクエストもふまえて、新しい点灯計画を考えてみようよ。

※

（2）表2は、太郎さんたちが、最初に作成した3種類の電球A、B、Cを使った点灯計画です。表3は、各電球を1時間点灯させたときに必要な電気代を表したものです。電球Aと電球Bをそれぞれ1時間点灯させたとき、電球Aは電球Bの何倍電気代がかかるか答えましょう。
　また、《自治会からの追加のリクエスト》をふまえた【新しい点灯計画】を考え、解答らんの表に○印と合計点灯時間を書きましょう。ただし、20時から21時の時間帯はすべての電球を点灯させるようにします。

《自治会からの追加のリクエスト》
① 新しい点灯計画も、表2の点灯計画全体でかかる電気代と同じになるようにしてほしい。
② 点灯している電球の組み合わせは、1時間ごとに変わるようにしてほしい。
③ 各電球の合計点灯時間は、表2の点灯計画の合計点灯時間とすべて異なるようにしてほしい。

表2　点灯計画（○印は点灯させる時間帯）

点灯時間帯／電球の種類	17～18時	18～19時	19～20時	20～21時	21～22時	22～23時	合計点灯時間
電球A		○	○	○		○	4時間
電球B		○	○	○	○		4時間
電球C	○			○	○	○	4時間

表3　各電球を1時間点灯させたときに
　　　必要な電気代

電球A	電球B	電球C
2.7円	3.6円	4.5円

解答らん

電球Aは電球Bの　　　　倍

電気代がかかる。

【新しい点灯計画】

点灯時間帯／電球の種類	17～18時	18～19時	19～20時	20～21時	21～22時	22～23時	合計点灯時間
電球A				○			時間
電球B				○			時間
電球C				○			時間

令和６年度

岡山県立中学校及び岡山県立中等教育学校　　適性検査Ⅰ

【注意】

・　この検査は、文章を読んで、太字で書かれた課題に対して、答えやあなたの考えなどをかく検査です。課題ごとに、それぞれ指定された場所にかきましょう。

・　検査用紙は、表紙（この用紙）をのぞいて、３枚あります。指示があるまで、下の検査用紙を見てはいけません。

・　「始め」の合図があってから、検査用紙の枚数を確かめ、３枚とも指定された場所に受検番号を記入しましょう。

・　検査用紙の枚数が足りなかったり、やぶれていたり、印刷のわるいところがあったりした場合は、手をあげて先生に知らせましょう。

・　検査用紙の ※ ☐ には、何もかいてはいけません。

・　この検査の時間は、４５分間です。

・　表紙（この用紙）と検査用紙は、持ち帰ってはいけません。

・　表紙（この用紙）の裏を、計算用紙として使用してもよろしい。